文化治理现代化与
文化软实力提升研究

杜　刚◎著

山西出版传媒集团
山西经济出版社

图书在版编目（CIP）数据

文化治理现代化与文化软实力提升研究 / 杜刚著 .
— 太原：山西经济出版社 , 2022.2
ISBN 978-7-5577-0967-9

Ⅰ . ①文… Ⅱ . ①杜… Ⅲ . ①文化管理－现代化管理
－研究－中国 Ⅳ . ① G123

中国版本图书馆 CIP 数据核字 (2022) 第 045323 号

文化治理现代化与文化软实力提升研究
WENHUA ZHILI XIANDAIHUA YU WENHUA RUANSHILI TISHENG YANJIU

著　　者：杜　刚
责任编辑：李春梅
助理责编：梁灵均
选题策划：吕应征
装帧设计：李宁宁

出 版 者：山西出版传媒集团·山西经济出版社
地　　址：太原市建设南路 21 号
邮　　编：030012
电　　话：0351-4922133（市场部）
　　　　　0351-4922085（总编室）
E－mail：scb@sxjjcb.com（市场部）
　　　　　zbs@sxjjcb.com（总编室）
网　　址：www.sxjjcb.com

经 销 者：山西出版传媒集团·山西经济出版社
承 印 者：山西力新印刷科技开发有限公司

开　　本：787mm×1092mm　　1/16
印　　张：10.75
字　　数：188 千字
版　　次：2022 年 9 月　第 1 版
印　　次：2022 年 9 月　第 1 次印刷
书　　号：ISBN 978-7-5577-0967-9
定　　价：58.00 元

前　言

国家治理现代化既是全面推进社会主义现代化建设新征程的必然要求，也是中国特色社会主义进入新时代的必然选择，更是促进国家综合国力提升、实现中华民族伟大复兴的重要特征。

文化作为一个国家软实力的重要内涵，对国家的发展发挥着巨大的推动作用。一个国家只有不断提升整体文化建设水平，才能促进公民素质的提高，才能促进经济、文化生态等方面更好更快地发展。任何一个国家进行治理，都必须根植于自己民族的文化，服务于自身的文化发展。推进国家治理的现代化，不仅要大力推进文化领域的治理，即文化治理的现代化，更要认识到文化在推进国家治理体系和治理能力现代化方面的重要作用。因此，文化治理作为国家治理现代化中重要的一部分，体现了它自身的价值，备受人们关注。

本书在分析文化治理理论溯源及国家文化软实力理论发展的同时，探讨了新时代文化治理现代化与国家文化软实力提升的路径：第一章分析了文化治理理论的内涵及属性；第二章介绍了新时代国家文化治理现代化的实现路径；第三章分享了国家文化软实力提升，即文化治理现代化的价值诉求；第四章探讨了中国文化软实力的现实状况与理论构建；第五章分析了文化治理现代化，即国家文化软实力提升的现实依据；第六章探讨了文化治理现代化与国家文化软实力提升的时代意蕴。

本书在创作过程中难免有不足之处，敬请批评指正！

目　录

第一章 文化治理的理论溯源

随着经济社会的不断发展和科学技术的进步，人们开始不断寻求新的文明发展方式和生存方式，"文化治理"概念不断被提及并日渐"流行"于文化研究、政治学和公共管理等领域。现代的治理理论来源于西方，事实上，治理理论的发展改变了传统"治理"所包含的"控制""统治"等含义；自20世纪末以来，伴随着政治和民主的发展，"治理"一词被研究政治、经济和公共管理的学者们注入了不同的内涵，从而远远超越了其传统意义，治理因此也被赋予了"善治"或"治道"等新的含义。

第一节 文化概念辨析

一、文化的范畴

文化陪伴着人类从远古走来，人类也通过自身的实践创造出了丰富多彩的文化形态。当今世界的文化，正是人类在与自然、社会及自身的交互作用中，伴随着文化的创造、传承、冲突、交融而呈现在我们面前的。它具有不同的表现形式，存在于人类生活的方方面面，其内容非常丰富，涉及面非常广泛。而就文化的含义而言，随着时代的变迁和社会的发展，同时基于人们研究观察文化角度的差异，对其的阐释与理解也呈现出多元化的趋向，莫衷一是。

（一）词源探析

"文化"是中国语言系统中古已有之的词汇。"文"通"纹"，原指纹理，指各色交错的纹理。《易·系辞下》载："物相杂，故曰文。"《礼记·乐记》称："五色成文而不乱。"《说文解字》称："文，错画也，象交叉"均指此义。"化"，本义为改易、生成、造化。如《庄子·逍遥游》："化而为鸟，其名曰鹏"。《易·系辞下》："男女构精，万物化生"。《黄帝内经·素问》："化

1

不可代，时不可违"等等。"文"与"化"并联使用，较早见之于战国末年的《易·贲卦·象传》："刚柔交错，天文也。文明以止，人文也。观乎天文，以察时变，观乎人文，以化成天下。"在这里，古人已经注意到，通过"人文"的文化教化，让世人遵从文明礼仪、社会规范，最终达到"化成天下"。西汉以后，"文"与"化"合成一个整词开始使用。如"圣人之治天下也，先文德而后武力。凡武之兴，为不服也。文化不改，然后加诛"，"文化内辑，武功外悠"，在这里，文化是指以国家军事手段相对应的国家文化治理手段出现的，文化的国家治理功能已经得到认可。汉代荀悦提出过"宣文教以张其化，立武备以秉其威"之说。南朝齐时的王融在《三月三日曲水诗序》中写道"设神理以景俗，敷文化以柔远"，此处的"文化"，或与天造地设的自然对举，或与无教化的"质朴""野蛮"对举，主要就是指文治教化，教化人心。唐朝的学者孔颖达则指出，"文化"乃是"圣人观察人文，则诗书礼乐之谓"，即文化是指文化典籍、礼仪风俗等上层建筑的东西。顾炎武在《日知录》中说"自身而至于家国天下，制之为度数，发之为音容，莫非文也"，即人的行为表现和国家制度都是文化的体现。因此，在古代的汉语系统中，"文化"属于上层建筑的精神领域范畴，其"以文教化"的功能比较突出。它表示对人的性情的陶冶，品德的教养，目的就是为了提高被教化者的心性、修养。古代"文化"一词和现代的"文化"意义不尽相同。随着时间的流变和空间的差异，现在"文化"已成为一个内涵丰富、外延宽广的多维概念，成为众多学科探究、阐发、争鸣的对象。

人类思想的发展总有着相似的地方。西方"文化"一词的演进，类似于中国汉字"文化"的演进。西方"文化"一词"culture"从拉丁文"cultura"演变而来，是动词"colere"的派生词，本意指耕作、培训、教育、发展、尊重等，其他含义都由此引申、演变而来。1690年，安托万·菲雷蒂埃在《通用词典》中将文化定义为"人类为使土地肥沃，种植树木和栽培植物所采取的耕耘和改良措施"。此时西方人观念中的"文化"只是表示人类某种活动形式的词汇。"culture"相对应的词是"nature"。在西方，"nature"除指存在于人自身之外的外在自然外，还指与人对应的、存在于自身之内的各种特质，如欲望、本能、情感、理性等。直到19世纪中叶，"文化"一词才形成一个完整的术语。此时的"culture"一词逐渐从"耕耘"这种原始观念，延伸到对人的内在自然的肉体和精神的训练、培养和教育，包括对知识的获取、道德能力和艺术能力的形成、体魄的锻造，以及培养和教导人们遵守社会行为准则和社会习惯的能力和要求。

（二）多元解读

关于文化的定义，可谓众说纷纭。有人把这种现象称之为文化定义现象。正如威廉斯所说的，"文化"一词是英语语言中最复杂的词汇之一。自19世纪70年代以来，许多哲学家、社会学家、人类学家、历史学家和语言学家从各自的学科角度出发，试图界定文化的内涵，但迄今没有获得一个公认的精确定义。这既说明文化极为复杂、内容丰富，又说明对文化的定义引起了人们的极大关注。

最早对文化定义并产生重大影响的是泰勒，他在《原始文化》"关于文化的科学"一章中说："文化或文明，就其广泛的民族学意义来讲，是一复合整体，包括知识、信仰、艺术、道德、法律、习俗以及作为一个社会成员的人所习得的其他一切能力和习惯。"在这个定义中，文化成为人类社会发展过程中人类创造物的总称，囊括了物质技术、社会规范和观念精神三个层次。大多数人类学家认为，文化包含了后天获得的，作为一个特定社会或民族所特有的一切行为、观念和态度。我们每个人诞生于某种复杂的文化之中，它将对我们往后一生的生活和行为产生巨大的影响。美国文化语言学的奠基人萨丕尔（E.Sapir）的定义则是："文化被民族学家和文化史学家用来表达在人类生活中任何通过社会遗传下来的东西，这些包括物质和精神两方面。"美国人类学家威斯勒（C.Wissler）的定义则是，"某个社会或部落所遵循的生活方式被称作文化，它包括所有标准化的社会传统行为。"萨姆纳和凯勒（W.G.Summer and A.G.Keller）的定义指出："人类为适应他们的生活环境所作出的调整行为的总和就是文化或文明。"福特（Ford）指出："文化包括所有解决问题的传统方法。"以《社会结构》一书驰名学术界的美国人类学家默多克（G.P.Murdock）的定义则是："文化是行为的传统习惯模式，这些行为模式构成了个人进入任何社会所应具备的已确定行为的重要部分。"

美国著名人类学家A.L.克罗伯和C.克鲁克洪合著的《文化，关于概念和定义的检讨》一书，对自泰勒以来西方的文化定义现象进行过统计研究，共概括出164种文化定义，分为六组类型，即列举和描述性的、历史性的、规范性的、心理性的、结构性的和遗传性的。在书中，克鲁伯和克拉克洪在综合以往的文化定义后，给出了他们自认为标准的人类学文化定义："文化由明确的或含蓄的行为模式和有关行为的模式构成。他通过符号来获取和传递。它涵盖该人群独特的成就，包括在器物上的体现。文化的核心由传统（即历史上获得的并经选择传下来的）思想，特别是其中所附的价值观构成。文化系统一方面是行为的产物，另一方面是下一步行动的制约条件。"美国社会学家戴维·波普诺认为，社会学家与人类学家对文化的共同定义是：文化是人类群体或社会的共享成果，这些共有产物不仅包括价值观、语言、知识，而且包括物质对象。著名哲学家殷海光在《中国文化的展望》第二章"什么是文化"中，在列举分析了四十七个关于文化的定义之后，把文化概括为以下六个方面："第一，在文化全部实有之中，我们不可有意或无意把我们认为'好的'或'要得的'看作是文化，而把我们认为'不好的'或'要不得的'看作不是文化而只是'历史中的偶然'。在文化全部实有之中，任何一个层面或要件或事物，无一不是文化所有的层面或要件或事物。第二，文化包括层进中的各层。所谓'物质'和'精神'这样简单而又粗疏的二分法不足以相应地特指文化的内容。第三，文化之所指不限于所谓的'文明人'的，所谓'野蛮人'同样有文化。文化是地球层面的一种普遍现象。第四，文化并非一成不变的化石，而是在变动之中。第五，价值观念是文化构成的必要条件。没有价值含在其中的任何文化是不堪设想的。第六，文化与文化价值都是相对的，虽然也有普同的部分。"

关于文化的形态和分类，著名功能主义文化人类学家马林诺夫斯基在《文化论》中把文化从大的方面划分为物质文化和精神文化，进而又从精神文化中突出语言以及社会制度等方面，从而把文化的主要方面或主要形态划分为四个方面：①物质条件；②精神方面的文化；③语言；④社会组织。此外，还有许多学者从不同的角度对文化形态进行了划分。如，不同的社会形态，有不同的文化形态，据此，可将文化形态划分为原始社会文化形态、奴隶社会文化形态、封建社会文化形态，以及资本主义文化形态和社会主义文化形态。有从人的角度出发，把文化分做三个层次：即观念文化、制度文化和器物文化。有学者认为，"依据特定时代的精神文化对不同地域、不同阶层、不同主体的不同关系或不同影响，人们可以划分出官方文化、精英文化、大众文化、主流文化；主流文化、亚文化；雅文化、俗文化；中心文化、边缘文化；民族文化、世界文化，以及其他各种形态的文化。"有的学者从文化的结构划分的角度把文化划分为物质文化、制度文化和精神文化；又把文化心理区分为由情感、意志、风俗习惯、道德风尚和审美情趣等构成的表层结构，由经济、政治、道德、艺术、宗教、哲学等方面的观念因素构成的中层结构，以及由基本的人生态度、情感方式、思维模式、致思途径和价值尺度等构成的深层结构；并进而从文化在社会生活中的影响和地位的角度区分了主流文化和亚文化等。还有人从东西方文化差异的角度把文化划分为东方文化形态与西方文化形态。具体又可分为：内陆型文化和海洋型文化、伦理型文化与功利型文化、和谐型文化与抗争型文化等等。

马克思主义理论家对文化作了一种新的解释，把文化分为广义和狭义两种。在罗森塔尔·尤金所编的《哲学小辞典》中，文化是指"人类在社会历史实践过程中创造的物质财富和精神财富的总和"，这就是所谓"广义的文化"。也就是说，人的物质生产和精神生产，包括生产活动过程和生产的方式方法，以及由这些生产创造出来的物质产品、精神产品和社会关系的诸多形式，都属于广义文化范畴。而与之对应的"狭义"文化则是专指精神文化而言，即社会意识形态以及与之相适应的典章制度、政治和社会组织、风俗习惯、学术思想、宗教信仰、文学艺术等。除以上各种解释外，还有符号说、限定说等各种说法。

二、文化的特点

（一）时代性与稳定性

文化的时代性是人类文化的共性。一个时代有一个时代文化的内容和特征：一是文化的内容和形式不同。如从历史上来划分，分为史前文化、上古文化、中古文化、近代文化和现代文化；从经济生产的角度来划分，有狩猎采集文化、农业文化、工业文化。二是人的认识具有时代性。由于人的认识具有时代性，因此所创造的文化也具有时代性。三是人的行为具有时代性。人的行为不能与所处的时代相违背，故要知其人必须知道其所处的时代背景。

文化的稳定性为保留本民族的优秀文化和弘扬本民族文化提供前提，并有利于社会的稳定。文化具有稳定性的主要原因：一是传统习惯和人们的心理原因，因为人们一般喜欢稳定；二是可以满足生活的需要，价格低廉；三是特殊阶层的维护。

（二）累积性和连续性

文化的累积包括物质文化的累积、非物质文化的累积和知识的累积。物质文化的累积主要指技术发明、创造；非物质文化的累积包括社会文化和精神文化的累积，其中社会文化包括制度、社会组织、婚姻家庭、人生礼仪和风俗习惯等，而精神文化包括文学艺术、宗教信仰和伦理道德等。

文化的连续性则是指文化作为人类生活的基本样态和特有的生存方式，承载着人类改造世界所形成的成果，并进而通过不断地传承与延续，从而促成人类自身的进化与发展；文化的传承既是基于历史发展的连续性的具体呈现，同时也是人类区别于其他生物得以连续的重要基因。正是缘于文化的积累性和连续性，人类社会方能永续发展、不断进步。

（三）选择性和整合性

文化具有可分性，因而也就具有可选择性，如文化从表层到深层可以分为物质文化、社会文化和观念文化。文化具有可分性，为文化的可选择性提供了理论基础，可以取其精华去其糟粕。相反则会导致全盘接受，如全盘西化。

同时源于文化的可分性，文化整合性特征也得以凸显。文化的整合性也就是文化的一体化过程。文化是发展变化的，但也有凝固的、相对完整和稳定的部分，经过长期的组合而形成核心。围绕核心的文化整合，使文化的发展达到更高的水平，也更具有生命力。文化的整合有多种形式，如选择的整合、统一的整合和协调的整合等。

三、文化的层次

（一）物质文化层次

物质文化是文化的表面层次，是人类在适应和改造世界中不断劳动形成的。马克思主义的观点认为，劳动创造了人类，劳动创造了文化。文化最本源的意义就是劳动，劳动是人类的一种生活生产方式的体现。因此，不同的文化产生于不同的生产生活过程中。人类在历史文明的演进过程中形成了不同的文化类别，如民居建筑、服饰、生产生活工具、交通工具等等。不同的生产生活方式形成了不同地域、民族特色的文化，文化在一定程度上体现着一个国家或民族的性格。人们在生产、分配、交换及消费过程之中，不断地进行着能量、资源、信息的交换，共享人类发展的成果。物质文化层面的文化成果构成了人类赖以生存与繁衍的文化基础。如我国由于地域特征的不同，出现了陕西的黄土文化、江南的水乡文化、西部的巴蜀文化、东北的冰雪文化等等。这些都是当地劳动人民在长期的生产、生活、生存中所形成的一种固有的原生态的延续。

（二）制度文化层次

制度文化是文化的中间层次，它主要表现在人们在社会规范和人际交往中不断形成的民俗风情、民俗信仰、人生礼仪、宗教习俗、家族家谱、乡约乡规等方面。这些约定俗成的文化制度，在悠久的历史发展中代代相传，越积累越厚重，在这一积累和传承过程中，文化也依托各种载体，形成了丰富

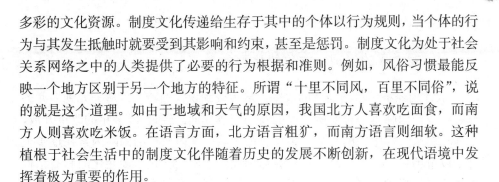

多彩的文化资源。制度文化传递给生存于其中的个体以行为规则，当个体的行为与其发生抵触时就要受到其影响和约束，甚至是惩罚。制度文化为处于社会关系网络之中的人类提供了必要的行为根据和准则。例如，风俗习惯最能反映一个地方区别于另一个地方的特征。所谓"十里不同风，百里不同俗"，说的就是这个道理。如由于地域和天气的原因，我国北方人喜欢吃面食，而南方人则喜欢吃米饭。在语言方面，北方语言粗犷，而南方语言则细软。这种植根于社会生活中的制度文化伴随着历史的发展不断创新，在现代语境中发挥着极为重要的作用。

（三）精神文化层面

精神文化是文化的内核层次，也被称为观念形态文化，它主要表现在文学艺术、价值观念、审美情趣、思维方式等方面。精神文化是指人类在精神生活中所形成的文化心理、思维模式及精神基质，它处于整个文化结构的最内层，是整个文化的核心。不同的精神文化会形成不同的文化发展模式，同时也直接影响着社会个体的精神建构。精神文化往往通过物质文化和制度文化表现出来，它是一种精神状态和社会意识形态，关系到人类主观世界的建构。精神层次是文化的最高境界，文化如果缺少这一层面，文化的生命力就不存在了。而这一层次之所以存在，是因为文化不仅可以融入自然界，创造神奇，而且，文化本身具有极强的创新能力。因为人有现实的、感性的对象作为自己本质的即自己生命表现的对象。就是说人通过现实的创造活动，不仅创造了物质层面和制度层面的文化，也创造了精神文化，而精神文化则更能体现出人作为对象性存在的本质力量，它是人类智慧的结晶和文明的表征。

第二节 文化的治理内涵

文化治理，简单来说，是指遵循文化自身规律，主动配置文化资源与文化权力，以实现文化发展繁荣，促进文化在社会发展进程中发挥最大功能的一种治理模式。从社会的整体布局来看，文化与经济、政治、社会、生态等并列，共同构成一个无限多样、相互联系和相互依存的有机系统。正如唯物辩证法所认为的，物质世界是一个由诸多要素构成的普遍联系和不断运动发展变化的统一的有机整体，现代国家治理体系是由经济治理、政治治理、文化治理、社会治理、生态治理等内容共同构成的有机体，五部分内容并不是孤立的和片面的，而是相互联系、相互影响和相互制约的。

一、对文化的治理：文化优化整合

从计划经济到市场经济的改革，从传统到现代的转变，从一元到多元的过渡，我们面临着一种前所未有的新旧交替局面。经过40多年的改革开放，全球化越来越对中国的改革产生重要的影响，国内改革的国际因素在逐步上升；以市场化为动力的改革使社会结构发生了深刻变化，多元化的利益结构格局已开始形成，多元的价值观念已经影响到社会各个阶层，中国进入到社会主义现代化建设的一个新阶段。社会的巨大转型给中国这样的大国的治理体系提出了严峻挑战，寻找新的改革动力成为各个阶层的共识，但观念和价值多元化在思想领域的深刻激荡，已经成为国家治理体系所面临的巨大问题。而"和谐社会"理念的提出，实际上是从现代治理体系中的国家自主性的表达出发，以维护公共利益、实现有效的社会整合为目标的，因为无论是民主法治还是公平正义，都是和谐社会应该具有的基本特征。因此，对现代国家治理体系而言，要实现"富强、民主、文明、和谐"乃至"绿色化"的社会主义现代化建设目标，必须通过现代国家进行社会文化整合，经由树立和确定国家的核心价值体系，对民族精神和民众行为进行规范性引导，并加以认同性聚合，以创造人与社会、社会与国家之间的和谐，实现民主与法治的统一、公平与效率的统一、活力与秩序的统一、科学与人文的统一、人与自然的统一等和谐社会的理想愿景，从而也就可以真正使政府的各项公共政策均衡地体现对社会各个利益群体的价值关怀。

（一）文化整合要以社会主义核心价值观为引领

传统的中国社会，以儒家"德治""仁政"思想为核心的道统是古代中国的核心价值观，通过这一文化理念创造了古代中国的国家文化形态。自汉代董仲舒"罢黜百家、独尊儒术"之后，这一思想更是得到了强化，此后绵延2000多年，经过历史的沉淀和积累形成雄厚的文化资本，为国家的有效治理提供了保障。而当代中国，在现代市场经济的背景下，人们的思想观念越来越开放和多元，急剧变化的时代在带来文化价值观深刻变革的同时，也带来了文化认同的深刻危机。一方面，平等、公正、自由、法治等现代思想越来越深入人心；另一方面，传统文化中的等级、人治、宗法、亲亲等观念也未完全剔除。因此，在对社会核心价值观的重塑过程中，必须把过去、现在和未来有机结合起来，在继承中发展，在发展中创新，进而形成新的文化资本和文化资源，为现代社会条件下的国家治理提供价值支撑。中国具有五千年的文化传统，许多优秀的文化成果至今依然焕发着耀眼的光芒，当今中国文化产业的发展和创新蕴涵的是中国人对于世界文化发展和进步的贡献，其所创生出的文化成果应纳入中国文化的总体之中，载入历史发展的史册。

（二）文化整合要以深化文化体制改革为抓手

作为历史产物，我国的文化管理体制在受到苏联模式影响的同时，也延续了中国共产党人在长期革命战争中所积淀的体制传统的某些做法，是战时各根据地的文艺体制在中华人民共和国成立后的惯性延续。战争年代的成功经验证明，集中管理模式可以带来很高的效率。但是，随着中国共产党成为执政党，内外部环境发生的变化使得原来高度集中的文化管理体制的弊端日益显现。随着我国社会主义市场经济的繁荣和快速发展，传统的资源竞争优势让位于以知识、技术、智力等无形资本。因此，推动从文化管理到文化治理且善治的转变就成为当务之急。实践已经证明，意识形态管理不能代替文化管理。事实上，当前我国文化管理体制机制尚未有效理顺，政府与文化经营单位之间的责、权、利还没有厘清，仍存在政府过多地干预或插手文化经营性管理的现象。所以，应当对原有的文化管理体制进行改革，在合理区分公共性与经营性的基础上，对文化事业和文化产业进行适当的定位，进行综合性的文化体制配套改革，理顺政府文化主管部门与文化企事业单位的关系，建立责权明确的文化管理体制。在此基础上，通过对国家文化宏观管理部门现有职能的分解，强化综合管理职能，弱化行业管理职能，将行业管理与自律、市场管理与监督等方面的职能逐步分解到相关行业协会，为新时期加快我国的文化建设提供体制保证和宏观政策支持。

（三）文化整合要大力发展文化产业促进文化繁荣

大力发展文化产业是国家治理在当代的新维度。文化产业不仅是一种文化形态，它更表现为一种经济形态，是一种集合体。近年来，随着我国社会生活水平的不断提高，人民的消费结构出现了拐点，正在从偏重物质消费逐渐过渡到日益重视精神消费。当前，面对广大人民群众呈井喷式增长的精神文化需求，党和政府必须提供丰富的文化产品，以形成认同感和主体意识。文化产品的供给，一方面要以满足人民群众最基本的文化需求为目标，不断完善公共文化服务体系；与此同时，更加多元和个性化的文化产品之提供则要依赖于大力发展文化产业，因为服务于经济和文化、服务于社会和民生，是发展文化产业最重要的治理性需求。文化产品是生产和形成文化影响力、吸引力和感召力的核心来源，尤其是感召力，由于具有重构人的精神世界的力量，故而是文化治理能力的核心所在。因此，文化产品作为特殊的商品，其开发不能仅仅满足于物质利益的获得，更重要的是在产品中注入文化的因素、思想的因素、价值观的因素，以使其在广大民众当中形成感召力和凝聚力，达到沟通社情民意、疏导社会情绪、凝聚价值认同的社会治理功能。所以，发展文化产业的目的不是为了经济，而是为了完善国家治理，是以市场经济的方式实现政治、经济、社会和文化的价值性转换，进而改变和重塑国家治理模式。

二、文化系统的治理

主体的多元性是现代文化治理的基本特征和基本要求。推动多元文化主体间的"协同治理"是"人民之治"的进一步延伸，是具有公民社会特征的社会结构和呈现公民话语特征的文化政策两者结合的产物，是文化治理的发展方向。协同治理打破了传统政府作为单一文化管理主体的封闭性，使得文化建设发展不再只是单纯地依赖于政府自上而下的宣教、灌输与指令，而是国家与市场、社会在文化领域的对话、协商与合作，从而使文化领域保持一种开放性、参与性、批判性的特质。改革开放以来，特别是党的十八大以来，中国的文化企业、文化社会组织等多元主体从数量到规模上都得到了极大的发展，其与政府的协同治理有力地推动了中国特色社会主义文化事业的发展繁荣。当前，进一步优化合作生态、培育多元主体、畅通合作渠道、健全合作机制、扩大多元社会力量参与、深入推进政府主导下的多元主体协商合作是我国文化治理现代化的基本走向。

首先，应当科学界定政府在多元协同治理过程中的角色、权责和功能。长期以来，我国采行的是政府主导型文化建设发展路径，政府对文化领域具有较强的干预力度。需要肯定的是，中国的文化传统和现实国情决定了政府主导型的发展路径是符合当下实际的。当下，推进我国文化治理现代化并非简单地否认政府在文化建设中的主导性作用，而是强调要在法治的框架下，进一步转变政府的角色，让政府做文化建设发展的"掌舵人"而非"划桨者"。为此，我们应当进一步明确政府文化管理的权力清单，以法治的方式将政府的文化管理权规范在必要的限度内。并且，应当创新政府管理的运行机制，转变政府的职能和文化管理方式，特别是要引入市场和社会竞争机制，提升政府文化管理效能。

其次，应当着力培育市场和社会主体，优化多元主体的发展生态，畅通文化参与渠道，扩大多元主体的参与面。一方面，我们应当大力扶持和培育社会组织，以制度化的方式激活社会组织的发展活力，引导和支持社会组织在文化治理过程中发挥衔接政府与公民的桥梁作用。与此同时，还应当着力引导、鼓励和支持文化及相关企业的建立和发展，降低文化企业的准入门槛，拓宽文化企业的发展空间，切实发挥社会组织、文化及相关企业在文化治理中的协同作用。另一方面，更为关键的是，由于文化权利本质上是一种以文化参与为核心的权利，深化政府主导下的合作治理必然要通过法律制度创新，进一步拓展企业、社会组织和公民个人的参与渠道，扩大参与面。同时，打造推动多元主体文化参与的制度体系，将保障多元主体在文化治理中的平等参与的规则和机制的建构作为深化多元合作治理生态的关键点。

最后，应当建立健全现代文化合作机制。一方面，政府应正确处理公共文化的公益性与市场化的关系，积极探索政府与社会的合作机制。从制度上更好地发挥市场在资源配置中的决定性作用，鼓励公民与社会组织参与文化治理，逐步形成促进政府、市场、第三部门共同参与、协商和理性交互的制度框架，从而建立政府引导、市场和社会等多方参与的良性合作关系。另一方面，应当建立公私主体合作的平等伙伴关系。文化治理的一个基本前提就是各类微观文化主体能够平等、独立、自主地开展文化创造活动和从事文化服务。因此，应当推动以政府为主的公权力主体与企业、社会组织等私主体之间平等协商、合作保障机制的建立健全。

第三节 文化治理的提出

一、文化治理的提出及其实质

一般认为，关于"文化治理"的概念更多地来自法国历史学家米歇尔·福柯（Michel Foucau-lt）的"管治"（governmentality），也与西方马克思主义者安东尼奥·葛兰西（Gramsci Antonio）的"文化领导权"理论有关。1978 年，福柯在法兰西学院演讲时提出"治理术"这一概念。后现代主义者福柯的"管治"学说，对后来学术界关于"话语"的系列研究有较大启发的同时，也大为拓展了国际上有关"文化政治"的研究领域。英国学者托尼·本尼特（Tony Bennett）在《把政策引入文化研究之中》一文中提出"文化既不是治理的目标，毫无疑问，也不是它欲颠覆的对立面；毋宁说，文化是治理的工具"的观点。而自从 2003 年我国台湾学者王志弘对"文化治理"

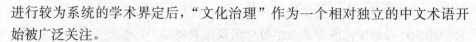

进行较为系统的学术界定后，"文化治理"作为一个相对独立的中文术语开始被广泛关注。

综合而言，"文化治理"是对象和方法的统一，作为一个对象，是指"文化治理"已经成为"治理"的不可或缺的重要方面，作为一种方式方法，特指各种"治理"的文化向度。

（一）"文化"内含"治理"的行为取向

从"天文"到"人文"，贯穿其中的逻辑在于，通过"远取诸物、近取诸身"，在观察、洞悉包括人自身在内的整个自然界的起落运行、阴阳和合的基础上，目的在于服务于"人事"，为了探寻和构建起一整套合乎天道伦常的日用伦理，以达到顺天应人、内圣外王的教化目的。建立在"天道"至上的"人道"系统，是中国古代优秀人文思想的本体论基础，尽管存在朴素和理想的一面，但其开启和延续数千年的中华人文思想长河至今犹在，尤其是它揭示和追求的"以文化人""化成人文"的"教化""修身"传统，历久不衰，与今天我们强调的坚持社会主义先进文化方向、坚持马克思主义在意识形态领域的指导地位的根本制度要求、坚持以社会主义核心价值观引领各项文化建设、中国共产党以伟大的自我革命引领伟大的社会革命等重大举措，在一定意义上不仅有相通之处，更有值得今天深入总结和汲取的地方。

（二）"治理"依靠"文化"的价值支撑

"治理"（governance）一词起源于西方，是与国家公共事务管理有关的概念，它常与"统治"（government）相对使用，其适用领域由最初的政治学领域扩展到社会、经济、文化等各个领域。如果说"统治"更多的是停留在依靠行政权力或单纯国家机器维持一定阶级的统治地位，往往很难持久；那么，"治理"则从国家的"长治久安"着眼越来越多地运用包括法度、习俗、道德、社会等"制度"性的力量加以维系，因而更可持续。谙熟中国历代政治演化历史的著名学者钱穆在《文化学大义》一书中讲，"一切问题，由文化问题产生。一切问题，由文化问题解决。"而"制度"作为文化的核心支撑，无疑扮演着至关重要的角色。用制度来改变不好的习俗，在世界各国都有成功的先例。

文化是人类创造成果的凝聚，它是人类在漫长的历史发展进程中，通过自身创造性活动的施展并伴随着人类自身的不断进化而积淀形成的现实存在；它是人类创造力的现实表征，是人类生命活力的具体佐证。"文化"因素看似漫无边际，实际上是一个有机整体，归根结底是特定环境下特定人群的生产生活方式的集中体现。因此，理解和认识一个国家的治理体系，就必须首先从这个国家人民久久相因的生产方式、生活习俗入手。国家治理体系是管理国家的基本制度体系，如同习近平总书记指出的那样，一个国家选择什么样的治理体系，是由这个国家的历史传承、文化传统、经济社会发展水平决定的，是由这个国家的人民决定的。理解和认识"治理"是如此，推行"治理"也是如此。

（三）"文化治理"植根于中国特色社会主义的具体实践

经济基础决定上层建筑，包括文化在内的整个上层建筑同时又给予经济基础以巨大的反作用。"文化"作为中国特色社会主义的有机组成部分，不是孤立自存的，而是建立在必须自觉服从和服务于中国特色社会主义伟大实践进程基础上的。马克思认为，社会存在决定社会意识，列宁提出"能动的革命的反映论"的观点，毛泽东在《新民主主义论》中指出，"一定的文化（当作观念形态的文化）是一定社会的政治和经济的反映，又给予伟大影响和作用于一定社会的政治和经济；而经济是基础，政治则是经济的集中表现。这是我们对于文化和政治、经济的关系及政治和经济的关系的基本观点"，在该书"新民主主义文化"一节中又进一步指出，"一定的文化是一定社会的政治和经济在观念形态上的反映""我们讨论中国文化问题，不能忘记这个基本观点"。同样作为上层建筑，相比较于宗教、政治、法律等，"文化"或"价值"的因素往往处于基础性、决定性地位，发挥着潜移默化的、绵绵不断的作用。这一点体现在"国家治理体系"中也是如此。事实上，不同的文化背景的国家有不同的"治理"模式，而特定国家的"治理"模式也不是一成不变的，而是与经济社会生活的变迁相一致的。

从国内不同时期的角度看。比较于计划经济体制时期的"文化管理"，改革开放以后，随着社会主义市场经济体制的逐步建立，与经济成分、利益主体、社会结构、思想观念等的日趋多元多样多变的文化建设的现状相适应，"治理"的理念开始被引入进来，并逐渐开始与蓬勃发展的文化实践相融合，成为植根于中国本土、富有浓郁中国特色的崭新理念。不仅在理念上，而且在实际运行的体制机制上，"文化治理"与"文化管理"都有很大不同，这个不同体现为从单纯依靠政府投入的文化事业到政府主导、社会参与的现代公共文化服务体系，从短缺的文化生产供给、零散的文化经营活动到繁荣活跃的现代文化产业和市场体系，从相对封闭单一的对外文化交流到以我为主、多层次宽领域的文化开放格局……

由此而言，我们今天着力研究的"文化治理"，不是别的什么，实质上就是立足新时代中国特色社会主义伟大实践，为全体人民提供强大思想指引、精神动力、舆论氛围、道德支持和文化产品的中国特色社会主义的"文化治理"，正如《决定》所指出的："发展社会主义先进文化、广泛凝聚人民精神力量，是国家治理体系和治理能力现代化的深厚支撑"。

二、文化治理的属性

（一）政治属性

政治的视角乃是一切阅读和解释行为的地平线，阅读和解释文化治理也不可避免地从政治的视角出发。文化治理的政治面孔，相对而言是人们较为熟悉的，这主要是因为马克思主义经典作家的论述。

在马克思主义经典作家看来，文化和文化治理往往具备政治的面孔。一定时期的文化观念总是服务于统治阶级的利益，并为阶级统治提供合法的意识形态支持。因为统治阶级的思想在每一时代都是占统治地位的思想。这就是说，"一个阶级是社会上占统治地位的物质力量，同时也是社会上占统治地位的精神力量。支配着物质生产资料的阶级，同时也支配着精神生产资料，因此，那些没有精神生产资料的人的思想，一般的是隶属于这个阶级的……既然他们作为一个阶级进行统治，并且决定着某一历史时代的整个面貌……他们在这个历史时代的一切领域中也会这样做，就是说，他们还作为思维着的人，作为思想的生产者进行统治，他们调节着自己时代的思想的生产和分配：而这意味着他们的思想是一个时代的占统治地位的思想"。

在马克思主义者看来，文化作为意识形态，作为资产阶级片面、褊狭的支撑物，是资产阶级为了它的自身利益而设计的。而且他们还认为，文化作为意识形态钝化了无产阶级的理解和思考：它是一个欺骗的工具，掩盖了资产阶级的真正利益。对于马克思而言，文化的信仰和实践是权力关系的一种文化符码。马克思意欲表明，文化是偏袒的，经常宣扬关于世界的"虚假意识"，从而作为一种统治阶级压迫工具而起作用。例如，资本主义社会个人主义价值观、利润、竞争和市场等主导文化观念，明确表明了正在巩固其阶级力量的新兴资产阶级意识形态。在竞争激烈和个人主义泛滥的资本主义社会中，它使人们坚信人在本质上是自私自利且相互竞争的，就像坚信在共产主义社会里，人类本质上是相互合作的一样，是自然而然的事情。然而，事实上人类和社会的关系极其复杂、充满着矛盾，但意识形态却抹平了这些矛盾、冲突和负面特性，将人类或社会的一些特性理想化为个体性和竞争性，并将其提升为统治观念和主导性价值观。马克思和恩格斯批判意识形态，试图揭示统治观念重塑占统治地位社会阶层利益的机制，这些利益符合现行社会及其体制，也是社会价值观念的自然化、理想化和合法化表现。

葛兰西认为，意识形态是一种统治性观念，它起着一种"社会黏合剂"作用，能整合和巩固已有社会秩序。他在《文化主题：意识形态的材料》一文中写道，在日常生活中，新闻传媒成为构筑现有制度和社会秩序之意识形态合法性的统治工具，而教会、学校和社会团体等各种社会建制也发挥了一定的辅助作用。在马克思的思想基础上，葛兰西发展出一套文化霸权理论。葛兰西认为，"一个社会集团的至尊地位以两种方式展现自身，其一是'支配'，其二是'知识和道德领导权'"。而知识和道德"领导权的作用是在不同阶级之间的社会关系中，去保证每一个阶级在现存的'统治—从属'的形式中被持续地再生产"。

或许是在这个意义上，王志弘认为，文化治理"在政治层面上，便可以更精简地界定其性质或目标为：文化领导权的塑造过程和机制"。所谓"霸权"指的是统治阶级（连同其他相关阶级或阶级成分）通过操纵"精神及道德领导权"的方式对社会加以引导而非仅仅依靠国家机器进行统治的过程。在霸权之中包含了一种特殊的共识，即某个社会群体想方设法将自己的特定利益展示为整个社会的整体利益；被统治阶级因此服膺于所谓的"共同"价值、观念、目标以及文化和政治内涵，从而被既有的权力结构所"收编"。

在现实生活中，许多人"在客观上"遭到了压迫，但除非这些人将自己的被统治地位认识为压迫，否则这种关系永远不会变成实际的抵抗，因此也就不可能激发社会变革。文化霸权之所以可能并发生效力，除了统治阶级把它自己的特殊利益呈现为社会全体的普遍利益，还常常通过把潜在的"敌对"弱化成简单的"差异"。恰如拉克劳所言，"处于霸权地位的阶级并不一定能够将一套整齐划一的世界观强加给整个社会，却往往可以用各种不同的方式来描述世界，进而将潜在的敌对力量消弭掉"。在霸权过程之中，"文化并不像看起来的那样描述现实，它还构造现实"，发挥着政治治理的功能。

也就是说，有效的文化霸权不是简单的自上而下实施的强制或控制，往往是统治阶级和被统治阶级相互"协商"乃至"合谋"的结果，是一个同时包含着"抵抗"和"收编"的过程。许多人们认为以社会公益之名而获得的权益（譬如社会保障、大众教育、民主参与），其实都可以被更好地理解为是统治阶级为了维持霸权而作出的"让步""妥协"。

但是，毫无疑问，这些让步妥协不能触及本质的东西。霸权虽然是伦理的、政治的，它必然同样也是经济的，它的基础必然是领导集团在经济活动的关键内核中所发挥的举足轻重的功能。

也就是说，这种协商和让步是有限度的。葛兰西明确指出，霸权的争夺绝不可能对权力的经济基础构成威胁，一旦危及统治阶级的根本利益，强权立即露出狰狞的面目，军队、警察和监狱系统等"压迫性的国家机器"不得不发挥其专制统治的功能。

随着现代国家治理的日益精致化，文化霸权的技艺也在不断发展，它逐渐深入到人们的需求和内心欲望等隐秘世界之中操控社会大众。恰如布迪厄所指出的那样，"'利用需求而不是反复灌输规范'的方式进行统治，是一个划时代的标志。通过劝说和诱惑，由消费手段来创造身份认同的幻觉（或误认），由此来消除既有的被支配（劳动）阶级的集体性和团结性"。"因此要成功的统治"，伊格尔顿说，"权力必须理解男人与女人隐秘的欲望和他们所厌恶的事情，而不是他们的投票习惯或社会抱负。如果权力要从内部规范他们，还必须能够从外部想象他们"。不过，他又指出："由于世界上贫富之间的差距不断增大，即将到来的千年所面临的前景将在艰难中前进，独裁的资本主义在衰败的社会风景中，受到来自内部与外部的日益绝望的敌人的进攻，最终抛弃了一致同意的政府的所有伪装，转而残酷而直接地保护它们的特权。"然而，进入新的千年以后，资本主义发展并没有像他预期的那样迅速堕入衰败之境，相反地，资本主义文化霸权借助全球化浪潮继续操纵着这个世界。

但是，无论文化霸权的技艺如何向前发展，在本质上它都包含着主导与从属的关系，"这些关系在形式上体现为实践意识，它们实际上渗透于当下生活的整体过程——不仅渗透在政治活动和经济活动中，也不仅渗透在明显的社会活动中，而且还渗透在由业已存在的种种身份和关系所构成的整体之中，一直渗透到那些压力和限制的最深处——这些压力和限制来自那些最终被视为某种特定的经济体系、政治体系和文化体系的事物"。威廉斯指出，"并非只有进行教育或施加外部压力才是真正的霸权过程，真正的霸权状态是霸权形式再加上有效的自我确认——这是一种具体而又主观内化了的'社会化'过程，它被期待成是确实可信的"。这样一来，基于霸权的文化治理愈来愈呈现为一幅社会面孔，深入到社会生活各领域。

（二）社会属性

进入现代（特别是晚期现代性社会）以后，文化治理的社会面向越来越重要，并日渐渗透于社会的每一角落乃至意义和价值领域。

这一过程，本尼特将它称为"社会生活的治理化"。他通过对博物馆这个看似中性的文化场所的观察与分析发现，它也不可避免地布满着国家规训斧凿斑斑的痕迹，艺术或文化的科层化，其实是为了促使工人阶级与移民者学习自我管理并促进整体国民的文明化。实际上，岂止博物馆如此呢！公共图书馆、美术馆、文化馆等无不隐秘地贯彻着社会生活的治理化逻辑。仅以我国文化馆为例，近代以来它沿着"通俗教育馆""民众教育馆""人民文化馆"或"群众艺术馆"的名称转换而变迁，其名称本身的变化就极好地体现着"匿名的、非主体的臣民""作为管治对象的民众""社会权利主体的人民群众"的转变，它在不同的历史时期先后起着社会教化、政治宣传、文化服务的社会治理功能。

本尼特关于文化治理的社会面向研究，深受福柯的"治理术"思想的影响。"治理术"是福柯创造的词汇，它涉及在现代社会中各种不同的权威用来管理民众或人口的方式，涉及个人用来塑造他们自我的方式，也涉及二者结合起来的方式。

"治理术"一词有三个意思：①由制度、程序、分析、反思以及使得这种特殊然而复杂的权力形式得以实施的计算和策略所构成的总体，这种权力形式的目标是人口，其主要知识形式是政治经济学，其根本的技术工具是安全配置。②在很长一段时期，整个西方存在一种趋势，比起所有其他权力形式（主权、纪律等），这种称为"治理"的权力形式日益占据了突出地位。这种趋势，一方面形成了一系列特有的治理装置，另一方面则导致了一整套知识的发展。③通过这一过程，中世纪的司法国家在十五六世纪转变为行政国家，而现代国家逐渐"治理化"。

对于福柯而言，"治理"的对象不是领土，而是人（口）。他认为，"对人的治理，首先应当考虑的不再是人的恶习，而是人的自由，考虑他们想做什么，考虑他们的利益是什么，考虑他们之所想，所有这些都是相互关联的"。所谓的"治理术"，一句话，"通过自由来显示治理"。或者更简洁地说，通过自由进行治理。

本尼特将福柯的"治理术"或"治理"引入他的文化研究之中，从而"将文化视为一组独特知识、专门艺术、技术与机制——透过符号系统的技艺与权力技艺建立关系，以及透过自我技艺的机制——并作用在社会之上，或与之建立关系"。因此，文化被他解读为"一系列历史建构的实体……相比于经济与社会性的生产，文化是被生产出如同一个自主的领域，并且被建构为区隔于社会并回过头以一种道德化与进步化的力量作用于社会之上"。换言之，文化被支配阶级故意建构为一种自主的实体，对社会（大众）实施治理。

本尼特对于文化的社会治理功能的看法，影响了他和跟随他的文化研究者对于文化政策的研究。

例如，麦圭根就注意到：无论是社会主义的还是资本主义的，几乎所有的现代国家都越来越自觉地介入文化的建设和发展，"而且，文化政策有重塑灵魂的作用——这一理念既成为集权主义的普遍假设，也在一定程度上成为自由主义和社会民主主义的思想和实践"。在《重新思考文化政策》一书中，他谈到纳粹德国和苏联的文化政策，指出"他们把艺术意义上的文化视为社会工程的构建手段"。根据苏联 1934 年作家代表大会的精神，文化政策的宗旨是造就"社会主义新人"。同时，他也指出，在社会民主条件下，在整个西欧，人们对国家的文化政策同样寄予极高的、无疑是错误的期望。即便是在标榜文化自由的英国以及与政府保持"一臂之距"的英国艺术委员会也曾招致强烈的批评："20 世纪最严重的艺术欺骗是强行向所有人灌输……这就是英国艺术委员会建立的逻辑前提。其基础是这样一个观念：经常教育人民，把你希望他们能够'欣赏'的艺术摆在他们面前，芭蕾、交响乐、戏剧和绘画在全国巡回展演的依据就是这个理念。"

其实，早在 19 世纪阿诺德就曾论道：国家是社会"善良的一面"。文化与政治无调控的无政府状态是刺激"高明"国家干预的主要因素。他认为，"文化不以粗鄙人的品位为法则，任其顺遂自己的喜好去装束打扮，而是坚持不懈地培养关于美观、优雅和得体的意识，使人们越来越接近这一理想，而且使粗鄙的人也乐于接受"；文化能够整合中产阶级、贵族和普通民众，带来国家团结，政府必须要依靠文化来规训现代国民。文化、自我、国家三者共同形成现代性，使人们服从于理性的权威。就像本尼特所指出的那样，对于阿诺德等人来说，"文化"背后始终渗透着"改革"或"改造"民众的逻辑，它也因此成为"改革者的科学"。不过，他也指出，如果文化是改革者的科学，它就几乎不可能是准确的，也一定不是中性的。准备启动文化改革机器和如此具体地说明这台机器运转的逻辑和方向的标准内容是一个有待争论的问题。但是，它也从另一个侧面说明，"政策也是文化构成的重要部分"。现代文化政策的目的在于，把公民培养成为有品位的人，而品味的形成方式就要通过文化管理或者文化政策。文化政策就是把治理性和品味合并起来，致力于生产个体，在个人或公众的层次上，形成类似的行为风格。对此，米勒和尤迪斯的认识非常到位，他们认为，文化和政策在美学和人类学两个方面产生联系。在美学世界中，文化所具有的是一种标识性的作用，在各个社会团体中区分品味和身份；在人类学层面而言，文化是指基于语言、宗教、习惯、时代以及空间进行区分的生活方式。而文化政策就是两方面的桥梁，通过体制上的支持对美学创造力和集体生活的方式进行引导。

随着社会的发展，社会面向的文化治理也在不断发展之中。从最初依赖文化政策对社会实施文化治理，转向公民的"自我治理"。其实，关于这一点福柯在阐述"权力"和"治理术"时也曾多次论及。

福柯从不把权力看作一种真实的实体，而是看作一种关系或机制。"将自己的分析对象界定为权力关系而非权力自身……世界上根本就不存在权力这样的实体……只有当一部分人将权力用在他人身上，只有在被付诸实践时，权力才存在……""在思考权力机制的过程中，我宁可思考它的细微的存在形式，考虑权力影响到个人的真实性情、触及他们的肉体以及将它自身嵌入他们真实的行为和态度、他们的交谈、学习过程与日常生活中的特征"。如果不理解福柯对"权力"的定义，是不能理解他的"治理术"概念的，因为"治理术"是建立在"权力"的"关系"（场域）之中的。福柯说："个体被他者驱使以及他们如何引导自己所接触的点，我认为，就是治理。治理民众，广义来说，并非威迫民众做治理者所希望的事情，它总是在胁迫的技艺以及透过自己建构或修正自我的互补或冲突过程之中达到一种可变动的均衡状态。"福柯所说的"治理性"，就是透过自我与他人的关系的调适来对自我进行治理。甚至福柯认为，"治理性意味着自我与自我之间的关系，并且，治理性的概念应该包括一系列能建构、定义、组织与制度化个体在处理彼此之间关系时可运用之策略的实践"。

受福柯治理术概念的启发，狄恩强调，他所谓的"文化治理"的形态或趋势，即当代自由民主体制越来越透过"自我治理"的方式而运作；各种制度和实际的改革，也必须接合特定话语，这种话语是"文化性的"，也就是说制度改革必须紧系于个人的属性和能力，以及个人行为的转变和自我转变。类似地，班恩也认为："文化治理指涉的是反身现代性下的一种新的驾驭情境，在其中，自我治理和共同治理的扩张成为福利国家的先决条件，以便使他们具备无须通过直接指挥和控制其成员与环境便可以获得的那种整合、连贯和效能。"对于班恩而言，文化治理与其是一种庞大之网，"促使越来越多的人改变自己，成为自我反身性个体，能够、愿意且理解如何按照既定社会、领域、场域或他人形成决策的过程，来操作差异或操持其自由"。由此看来，文化治理对民主是一项威胁，因为它以其成功、效能或影响力的系统逻辑，殖民了公共理性、日常政治参与和民主协商。

不仅发达的西方社会是这样的，陈美兰通过对中国台湾"闽南语创作民歌"的脉络梳理同样发现，在东方社会"官方文化治理"的脉络底下，种种显性隐性的条文隐含规范的意味，当"自我"被驯化之后，个体对于生命的欲望、动能、信念、价值也相对降低动机高度，形成"自我制约"，于是个体的自我价值被放诸集体认同的框架之内形成"体制化"的直观价值。如此的驯化亦是一种相对性的自我治理。它将治理意图内隐在人民生活里，化整为零出现在理所当然的实践当中，这些架构性意识由外部渗透调整族群的自我本质，引导个人理解自我的社会身份与主体想象。由此可见，对社会生活领域的治理必然关涉价值领域的治理，在价值领域，往往把文化视为意义争夺和身份认同的场域。这是文化治理晚近所展现的另一幅社会性面孔。

诚如萨义德所言，"文化远远不是具有古典美的上流阶层的一个平静的领域，而甚至可以是各种动机自我暴露在光天化日之下并彼此斗争的战场"。这个战场主要在两个方面展开，一是意义的争夺，二是身份的认同，进而延伸到性别、族群、种族、宗教、阶级等话语争议和后现代主义之中。

在这里，文化被重新理解为符码、表征系统或"意义之图"，基于性别、族群、种族、宗教、阶级等区分的各种社会身份团体，试图用这种符码、意义之图来定义自己、他人以及他们在生活中的位置。社会、经济、政治以及人际关系都通过文化意义加以界定。于是，围绕着"定义"与"反定义""整合"与"反整合""霸权"与"反霸权"的冲突由此而产生。在某种意义上，对文化公民身份日益增长的关心反映了这样一个趋势：过去被认为是"社会的"问题如今被认为是"文化的"问题。身份和归属感问题似乎取代了物质权利的问题。

实际上，身份政治还与各种新兴社会运动纠缠在一起，成为后现代主义所关注的问题域。这其中最突出的是妇女解放运动、反种族主义运动、男女同性恋解放运动，这些都从不同方面给治理带来各种新的问题。

这主要是因为，"文化身份不仅是已存在的，更是转变生成的；既是过去的，更是未来的……文化身份有它的过去和历史，但是，像历史上其他任何事情一样，它处于不断转换过程中，从来不是固定滞留在过去，而注定要随着历史、文化和权力不断变化"。也就是说，身份认同往往是因为文化而被建构的，而且处于不断变换和相互冲突之中。

就像伊格尔顿所说的："自从 20 世纪 60 年代以来，……鉴于这些身份都自认为受到了抑制，曾经一度被构想为一致性的领域已经被转变成了一个冲突的地带。简而言之，文化已经由解决问题的一种办法一跃而成了一种问题。文化不再是解决政治争端的一种途径，一个我们纯粹地作为人类同伴在其中彼此遭遇的更高级或更深层的维度，而是政治冲突辞典本身的组成部分。……对于过去几十年间支配全球议事日程的激进政治的三种形式——革命的民族主义、女性主义和种族斗争，作为符号、形象、意义、价值、身份、团结和自我表达的文化，正好成为政治斗争的通货"。

尤其是在宗教、民族、性别、种族地位等这后一种意义上的文化，是一个论争激烈的领域，因此，文化变得越实用，就越不能完成其调和作用，而它越是起调和作用，也就越是变得丧失效用。伊格尔顿所论的文化"危机"，揭示了文化治理的一个内在悖论，文化或许因为意义的激烈争夺或身份感的冲突，从而使它失去了"意义"。

在当今社会，文化治理已经不可能回避文化民主、多元文化主义以及差异政治等议题了，甚至这些议题成为后现代主义论争的一个中心问题。后现代主义总是强调"差异"，即性别的差异、文化差异、种族差异、民族差异，它不是简单地将原来边缘的文化放置到文化中心，而是围绕差异所进行的"差异文化政治学"，并因此产生新的身份，使之登上文化政治的舞台。种族、边缘族群、女性主义和关于男女同性恋的性倾向等都被看作是文化政治学问题，都被看作新的文化政治学带来的变化。霍尔指出，全球后现代抹去了"高"文化和大众文化（大众文化也常常被一些人解读为一种"低"文化）的界限，但是文化霸权从来不像这个术语的字面意思那样简单纯粹，它不能显示纯粹的胜利或彻底的统治；它不是"有最终输赢的游戏"，总是在各种文化关系间的权力平衡之中起伏变化。

实际上，文化治理的社会面向和政治面向总是相互配合、相互影响乃至交融在一起。

（三）经济属性

如今，文化治理也日渐深入到产业发展之中，常常以其经济面孔示人。

然而，文化治理的经济面孔却不是单一、呆板的，而是多色调的（但未必是协调的）。最早从产业角度涉及文化治理的法兰克福学派，基本上是从"大众"的视角注目它，主要论述文化工业和大众文化对"大众"主体的消极影响作用，试图揭示其维持或不断再生产资本主义制度的内在逻辑；如今，大多是从"政府"的视角凝视它，越来越多的政府把文化视为经济发展的新兴产业乃至一个国家或地区的"软实力"，企望通过文化产业促进经济的持续发展，从而提升其合法性。于是，文化便成为这些政府表现其政绩的最好修辞。

早在1944年，法兰克福学派代表人物阿多诺和霍克海默就专文论述"文化工业"，他们批判文化工业"使得所谓的文化不再是一种艺术形式，而使启蒙变成了欺骗，灌输给人们的是一种错误的意识，文化工业使人们变得驯服，停止了对现实批判的思考"。尤其是在所谓的休闲领域，文化工业通过迷惑人们进入一种催眠和恍惚状态来保持既有体制，反对内部挑战，以此促进资本家的利润，实现资本主义社会控制。在前资本主义社会，专制统治者不允许人们自由思考，尽管资本主义社会标榜允许人们自由思考，却因为诸如文化工业这样的隐秘治理机制使得人民不能去自由思考。在现代资本主义社会里，人们虽然可以自由地加入党派、自由地投票、自由地行动，但是所有这些自由都是在一种既有的规制下运作的，而这种隐藏或潜在的文化性规制却与资本主义的治理逻辑相一致。

在法兰克福学派看来，资本主义制度下的劳动阻碍着理性的发展，文化工业扮演了帮凶的角色："文化工业可以让人们从一整天的辛苦劳作中暂时解脱出来……仿佛一个天堂……然而，这种解脱其实是预先设计好的，其目的就是把人们拉回原点，继续劳动。娱乐本应激励他们反抗，如今却只教会他们顺从。"而且，"文化向来可以产生驯服那些革命和野蛮本能的作用，工业文化也助其一臂之力。这充分说明，人们根本无法摆脱这种残酷的生活境遇。那些感到身心疲惫的工人必须把疲劳化成动力，为使他疲惫不堪的集体权力服务"。然而，"集权社会不仅没有为它的成员祛除苦难，反而制造和安排了这些苦难，大众文化亦步亦趋，紧随其后"。

最为可悲的是，"文化工业的权力是建立在被制造出来的需求和认同的基础上，而不是简单地建立在对立的基础上，即使这种对立是彻底掌握权力与彻底丧失权力之间的对立。晚期资本主义的娱乐是劳动的延伸。人们追求它是为了从机械劳动中解脱出来，养精蓄锐以便再次投入劳动"。于是"被蒙蔽的大多数"被困在一个"循环往复的操纵性的怪圈里，而整个系统的一致性也就日益增强"。

洛文塔尔认为，这主要是由于文化工业生产出来的文化具有"标准化、模式化、保守、虚幻等特征，是极具操控性的消费品"。这些文化商品给苦药包上糖衣的技巧如此娴熟，以至人们在消费和享受文化商品时并未意识到他们是在从事一种意识形态实践。这些文化商品对工人阶级进行去政治化，让工人阶级忘记自己在资本主义社会体系内遭遇的剥削和压迫，进而也就放弃了政治和经济理想。他还坚称："革命的趋势只要稍露锋芒，就会立即为财富、历险、热恋、权力和感动等白日梦般的虚假满足感所冲淡和打断。"简言之，文化工业让"大多数人"只考虑眼前，不关心将来。恰如马尔库塞在《单向度的人》中所论述的那样：

娱乐和信息工业（文化工业）生产出来的东西是令人难以抗拒的，因其蕴含着某种预设的观念和习俗，通过激发精神上或情感上的反应将"心甘情愿的"消费者和文化的生产者绑定在一起；进而，文化的受众也就被纳入了整个资本主义体系。这些文化产品向人们灌输着某种虚假意识，操纵着人们的思想，让大众无法看清其欺骗性……这已经成了一种生活方式。

这是一种很"好"的生活方式，至少比以前好。在这种生活方式之下，绝不会发生任何质变。因此，就产生了一种单向度的思维与行为模式，那些试图超越既有话语和行为范畴的观念、愿望和理想，要么被摈弃，要么被纳入现存的体系。

在一定时候，资本主义也会通过满足大众的某些需求，消解人们心底更为基本的愿望，文化工业阻碍了政治理想的生发。文化工业为了追逐利润和文化的同质性，不惜剥夺"本真"文化所具有的批判功能和协商机制，使其丧失了"说不的勇气"。或许本·阿格是正确的，他认为："在马克思时代，虚假意识呈现出来的形式实际上是对现实合理性的虚假文本断言（如宗教和资产阶级经济理论）。今天的虚假意识还才开始，以一种看上去似乎残忍的真实性来书写和解读人们所经历的、一成不变的资本主义的日常生活。换言之，今天的人类经验具有超越的不可能性和社会变革的不可能性的特点。"

总之，对于法兰克福学派而言，"文化工业"的发展在某种程度上迎合了资产阶级统治的需要，成为资本主义体系不断再生产的一种机制。

不得不承认，法兰克福学派对文化工业的批判，以及通过文化工业的分析揭示资本主义隐秘的文化治理机制，虽有其独到之处，但也确有偏颇之嫌。在他们看来，人民大众只是一个消极的文化工业消费者，不能对隐身于文化工业之中的治理机制产生能动反应甚或抵抗。英国著名文化研究学者霍尔对此进行了学术批判，并形成了自己的编码与解码理论。尽管霍尔也同意，总体上而言，像电视这样的传媒是被结构在支配体系之中的，但是他并不赞成法兰克福学派的观点——包括广大劳动阶级在内的消费者完全是被操纵被欺骗的"文化傻瓜"，沉溺于统治阶级的"虚假意识"之中。

霍尔认为，电视观众等文化工业消费者有可能用他们自己的方式解码那些镶嵌在电视等传媒中的"统治话语"。因此，电视信息的消费（或接收）跟电视信息的发送并不是同质的，从发送到接收不是一个线性的过程，电视观众能够根据自己的社会处境（地位、利益和价值观）做出相应的价值判断。"借用马克思的术语来讲，流通和接收在电视传播中实际上就是生产过程的'环节'，并通过许多歪曲的和结构的'反馈'再次融入生产过程本身。因此，在更广泛的意义上，电视信息的消费或接收本身也是电视生产的一个'环节'，尽管后者是'主导的'"。这也就是说，解码的意义结构往往与编码的意义结构相左，二者不完全一致。霍尔的编码与解码理论告诉我们，意义并非完全由编码所预设，意义在系统中是由接收符码所决定。"解码过程并非不可避免地依据编码过程"，"解读不是从文本中读取意义，而是文本与处于社会中的读者之间的对话"，这种对话不是简单的同意，也会有协商甚至抵制。最终"意义是社会决定的,也就是说,是由适应社会的读者与文本结合的产物"。阅读文本是一种社会活动,是一种社会谈判的过程。简言之,文化消费者并不是被动地接收编码的意义,面对传输的文化符码能够能动地做出反应。霍尔所提出的编码与解码观点挑战了传统上认为消费者是被动的观点,强调人们可以用不同的方式来阅读、接收和诠释文本,文化消费既可以挪用,又可以积极地抛弃,还可以重新赋予某个文化产品新的意义,消费活动也是意义的再生产过程。

法兰克福学派对文化工业的批判,至今仍然影响着文化研究。但是,这并不能因此而影响、阻挡当今许多国家发展文化产业的巨大热情和冲动。如今,许多国家(无论是资本主义国家还是社会主义国家)都把文化直接视为经济增长的一个驱动力,表征为一个国家的软实力。

"实际上,国家话语和市场话语是把文化当作工具,比如把它作为美化民族国家的手段"。麦圭根就这样一语道破了当下各个国家正在盛行的经济面向的文化治理的"玄机"。麦圭根指出,自20世纪80年代以来,公共文化投资日益且主要是用经济因素来评判。迈尔斯可夫的新凯恩斯主义著作《英国艺术的经济意义》及其城市研究试图证明,艺术投资对刺激经济有立竿见影之效;在分权时代的城市更新的过程中,艺术投资尤其能够产生直接的"撞击"作用。类似的研究越来越多,这些研究成果恰好可以用来论证政府投资文化产业的合理性。在某种程度上,人们似乎抛弃了法兰克福学派对文化工业的意识形态的和政治性批评,更主要地关注文化对经济发展所产生的积极功能。

1994年,澳大利亚政府提出"创新国家"的议程,指出,"文化能创造财富,文化可以增值,对创新、市场营销以及设计做出了重要的贡献。它是我们产业的徽章。我们创造力的水平在很大程度上决定了我们适应新的市场需求的能力。它本身就是一种高价值的出口商品,也是其他商品出口时的重要搭配"。

1997年,英国不甘人后正式提出"创意产业"概念,努力把英国变成一个创意国家。追随其后的加拿大、新西兰、美国、芬兰和一些东亚国家和地区,也纷纷出台文化的经济发展政策。经济论述俨然成为文化政策中最重要的部分,各国政府深信文化将带来丰厚的经济成果,相关的政策与产业评估不断出笼,对于创意产业所带来的产值、国民生产总值的贡献、就业机会的增加、市场的扩大率等等,许多国家都传来正面的消息与发展。不但在富裕国家文化政策演化为经济政策,而且在穷国它也成为思考发展问题的一种新方式。如今,在许多国家或地区,文化都成为发展的一个新修辞。借助它给人们描绘了一个光明的社会前景。

然而，事实未必如此，那种"完全利用"现有技术资源和设备资源来满足大众审美消费的想法，正是构成经济制度的重要组成部分，而这种经济制度却从来不肯利用资源去消除饥饿，消除不平等。这种"文化经济"所激发出来的消费主义如今正在全球蔓延，这幅全球化景观却跟全球资本主义意识形态相映成趣：全球资本主义的文化—意识形态工程就是说服人们消费，不仅为了满足自己的生物需要和其他稍次的需要消费，而且要满足人为制造的欲望，其目的是私利而永久地积累资本，换言之，其目的是确保全球资本主义永世长存。

　　仅仅从产业角度来关注文化工业或文化经济显然忽略了文化在商品化中起作用的意识形态化、霸权化和物化的力量，尤其忽视了文化商品化具有破坏公众话语真实领域的趋势。当文化成为发展的修辞的时候，更不能忽视它一向所起到的意识形态的作用、文化霸权的效应以及在社会和文化领域所达成的治理功效。

第二章 新时代国家文化治理现代化的实现路径

现代化本身是一个囊括政治、经济、文化以及人的存在方式现代化的整体性概念。文化治理作为一种柔性的力量和隐形的因素，是建设共建共治共享美好生活的重要手段和载体。新时代推进社会主义文化治理现代化的现实路径，就是在实践基础上凸显合目的性与合规律性的辩证统一，坚持创新文化管理体制机制、健全现代文化市场体系、提高文化服务业开放水平，达到文化治理的创造性转化、创新性发展，这不仅是新时代文化治理体系的特色之所在，也是满足人民对更高层次精神需求的文化治理策略。

第一节 创新文化管理体制机制

一、政府文化治理的目标和对象

基于文化概念和实践的复杂多样，对于文化治理对象和内容的理解也是见仁见智。就当今中国来看，文化治理可从三个层面理解：宏观上，文化治理是国家经济、政治、文化、社会、生态五大领域整体治理方略的一个部分；中观上，以新中国成立以来我国文化行政体制为基本依据，文化治理以新闻出版、广播电视和文化艺术为主；微观上，以现行文化部管理内容即文化艺术领域为主。从实践性和有效性考虑，对国家文化治理开展研究，本书以上述中观层面予以把握。

（一）文化治理目标

推进国家文化治理，首先要明确治理目标，才能真正实现文化善治。一个国家的综合实力，既包括经济力量、科技力量及军事力量等在内的硬实力，也包括文化、政策和价值观念等在内的软实力。在世界政治中，软实力比强制性威胁的方式更文明、更持久。这个软实力是指在国际竞争中一种通过吸引，而非强迫或收买的方式来达到自己目的的能力，它源自一个国家的文化、政治观念和政策的吸引力。因此"国家文化软实力"并不仅仅是国际关系范畴中的文化影响力、吸引力和同化力，也是中国特色社会主义发展道路视野下的"文化国力"建设。这种"文化国力"建设的着眼点是通过先进价值理念、文化载体和文化传播能力建设，致力于寻求一种体现国家利益和国家意识形态的文化力量，使国家文化具有强大的吸引力、感召力和认同感。

党的十八大以来，以习近平同志为核心的党中央高度重视国家文化软实力建设，在党的十八大和十八届三中全会都鲜明提出要建设社会主义文化强国，提高国家文化软实力，2013年中央政治局还专门组织专题学习国家文化软实力，习近平总书记就国家文化软实力的地位、提高国家文化软实力的路径做了系统阐述。

综合上述，国家文化治理的总目标在于提升国家文化软实力。国家文化软实力体现了中国特色社会主义发展道路的历史必然，反映了国内外文化治理理论的最新成果，适应了当前建设社会主义文化强国的现实要求。把提升国家文化软实力作为推进国家文化治理的总目标是理论和实践的辩证统一，是历史和现实的辩证统一。政府作为国家治理的"元主体"，对国家文化治理承担着首要责任，其治理目标与国家文化治理的总目标自然是高度一致的。

（二）文化治理的对象和内容

目标是要达成的愿景，但它需要具体的内容和对象来作为载体和途径，并以此支撑总目标的实现。从传统视角来看，在计划经济时期，文化管理的对象和内容就是发展文化事业。随着文化体制改革的深入，事业产业分界，繁荣文化事业和发展文化产业，就成为文化管理的对象和内容。但这仍是以我国文化领域传统思路对文化治理内容的认识，仍是以"政府"作为本位和基本视角，是传统"文化管理"理念的解读和延续。

当今的中国社会是一个复杂的巨系统，各种类型的社会组织则是这个巨系统中的子系统，它们同时具有各自的自组织、自相似、自适应的内在规律。结合主体区分、实现机制和目标指向等"治理"理念和实践的创新，国家文化治理的主要对象和具体内容可以从保障国家文化需求、提供公共文化服务和满足私人文化消费三个方面来理解，这三个方面的基本对象和各项具体内容共同构成了提升国家文化软实力的主要任务。

保障国家文化需求是站在国家和民族的高度，站在历史的高度，服务于国家和民族的安全、稳定、发展而在文化上提出的需求。文化对于国家、民族的生存与发展至关重要，国家需要通过文化发展对内维护政治稳定、增强民族凝聚力、传承优秀文化、提供发展动力和智力支持，对外要提高国际影响力、树立大国强国形象、开展国际文化交往、保障国家安全，这就是国家文化需求，它事关国家安全、国家战略和国家发展。当前，保障国家文化需求主要体现为社会主义核心价值观的培育和弘扬、以马克思主义为核心的主流意识形态的维护、中华优秀传统文化的传承、文艺创作与传播的引导和规制、文化遗产的保护利用、文化安全与文化主权的保障和对外文化交流、国民美育等。

提供公共文化服务是指以政府部门为主的公共部门提供的、以保障公民基本文化生活权利为目的、向公民提供公共文化产品与服务的制度和系统的总称，公共文化权利是构建公共文化服务体系的理论基础和终极目标，公共文化服务以实现公众的文化权利为第一目标。它是在改革开放过程中，伴随着政府职能转变，努力建设服务型政府而提出的。作为政府公共服务的一部分，它主要是强调作为人民政府的社会责任、义务和历史使命之所在。构建公共文化服务体系必须满足最广大人民群众日益增长的文化需求，保证全体民众享受到基本的精神文化产品和服务，保障人民群众最基本的文化权益。提供公共文化服务的目标任务是，按照结构合理、发展平衡、网络健全、运行有效、惠及全民的原则，以政府为主导，以公益性文化单位为骨干，鼓励全社会积极参与，努力建设公共文化产品生产供给、设施网络、资金人才技术保障、组织支撑和运行评估为基本框架的覆盖全社会的公共文化服务体系，切实保障人民群众看电视、听广播、读书看报、进行公共文化鉴赏、参加大众文化活动等基本文化权益。

满足私人文化消费是指就公民个体个性化、差别化文化需求，国家通过繁荣文化市场、发展文化产业予以实现和保障的相关文化任务。公民除了基本文化需求外，还有个性化的文化需求。在人类发展的不同时期，物质需求和文化需求是不同的。社会经济越发展，文明程度越高，人们对文化的需求也就越丰富多样。全体公民的基本文化需求和公民个体个性化需求除了个体差异以外，很大程度上与各国经济发展水平、国家提供公共服务能力有关。可以说，随着经济社会不断进步，公共文化服务和公民个性化文化需求都会得到绝对的增长增加，有些在今天是公民个体私人文化需求的内容有可能在将来纳入公共文化服务当中去。但是由国家所安排的面向公民全体的基本文化服务与公民个体完全个性化差别化的文化需求也始终会存在着差距，这两者之间的差距和空间需要通过发展文化产业、繁荣文化市场来予以实现和满足。

保障国家文化需求、提供公共文化服务和满足私人文化消费都是国家文化软实力建设的重要方面，共同服务于提升国家文化软实力的总目标。三者之间相互关联、相互促进，但也存在着较大区别。从目标追求看，保障国家文化需求以国家安全民族发展为己任，提供公共文化服务旨在保障公民全体的基本文化权益，满足私人文化消费则要保障公民个体个性化的文化要求；从直接受益对象看，国家文化需求的直接受益对象是国家和民族，公共文化服务的受益者是全社会和公民全体，私人文化消费的受益者则是公民个人；从产品属性看，国家文化需求是纯公共产品，公共文化服务是准公共产品，私人文化消费的是私人产品；相应的它们与意识形态的相关度也不同，分别是强、中、弱；从外在表现上看，国家文化需求是导向、抽象、统一的国家意志，公共文化服务是标准化、均等化的公共服务，私人文化消费的是个性化、差异化的文化产品和服务；从责任主体看，保障国家文化需求的责任主要和直接在国家和政府，公共文化服务则由国家和政府予以安排，政府、市场和社会都参与，提供私人文化消费主要靠市场来予以满足，社会可以参与；从实现机制看，保障国家文化需求主要以行政机制为主，提供公共文化服务需要运用行政、市场和社会相结合的综合机制，满足私人文化消费则主要靠发挥市场机制的作用；从经费保障看，国家文化需求主要依靠国家财政投入，公共文化服务既要靠国家财政投入，又要调动市场参与，还可鼓励社会捐赠，私人文化消费则以个人付费为主；从业态表现看，国家文化需求和公共文化服务多属于传统意义上的文化事业，但后者已经开始有市场和产业的介入，私人文化消费则主要体现为文化产业。

二、提升对文化治理过程下的宏观建构

在文化治理下的宏观建构力的层面，我们应当在文化建构的过程中从以下两个方面进行提高：加强地方政府的制度体制建构和完善文化建构自下而上的反馈机制。

（一）加强地方政府对于文化制度体制的建构整合

地方政府的文化制度体制缺乏，是导致政策实施不彻底的一个重要原因，也是我国政府向创新型政府转变的一个重要节点。十八大以来，政府一直在强调文化对于国家建设的重要性，对于基层政府更加重要，需要地方重视文化这只看不见的手的作用，完善地方文化制度体制，使得公民可

以更好更全面地参与到公共文化服务的体系中来，而政府释放自己适当的权力，给予社会组织更多自身的规范，才可以使公民更好地融入文化治理体系中。文化治理不同于单纯的文化管理，政府尽管发挥主导作用，却只是参与国家治理的一方，市场和社会在文化发展和公共文化服务中的作用不可忽略。要完成从管理向治理的华丽转身，充分发挥市场和社会在文化治理体系中的作用，政府就必须简政放权。而在2002年由欧洲文化政策和艺术比较研究所提交的《创造性欧洲》报告对文化治理进行界定，认为文化治理是为文化发展确定方向的公共部门、私营企业、非营利团体组成的复杂网络。文化治理是在国家—市场经济—公民社会的三维结构框架下，来探讨社会公共文化服务的供给模式。文化治理的建构是一个非常庞大复杂的网络，地方政府起到了基石的作用，在地方文化制度的建构中，完善地方文化制度体系，切实地将公共服务部门和社会组织团体融合起来，更好地体现文化对公民服务的这个特性，建立健全更多公共服务体系，比如社区活动、地方儒学文化的学习等活动的定期举办，都会在一定程度上将制度渐渐地变成一种习惯，增强政府对文化建构的宏观调控能力，加强政府与公民之间对于文化的组织学习活动力度，使得在基层文化建构的过程中更好地弘扬中华优秀传统文化。

（二）完善文化建构自下而上的反馈机制

全球化的变革要求人类少一些统治，多一些治理；而政府文化治理完成的程度，很大程度取决于对于文化政策反馈机制的建构。良好的反馈机制可以使政府在改革的过程中，通过基层的民主、民意的反馈，不断地完善文化治理过程中的政策行为。建立良好的反馈机制中，首先要有畅通的信息流动渠道。建立一个执政为民的良好的反馈信息部门，专门受理群众的建议，体现出文化治理过程的惠民、为民的前提条件。其次，建立相当完整配套的咨询服务体系。文化的治理更多的还是交流，交流的目的是为更好地实施政策。一个咨询服务体系是一个公民与地方政府交流的平台，使得民众可以更好地参与到文化治理的政策中来，体现全心全意为人民服务的基本宗旨。最后，建立良好的信息反馈和监督体系机制。再好的政策也是需要监督体制的，完善行政监督体制，提高执行人员的责任监督意识，经常性地组织学习，采用高效的培训制度，定期做先进思想的培训，使得行政人员时刻保持自身的责任感，从文化治理的建构下，完成对政府宏观建构的良好的反馈，形成基层民主的完整的反馈机制，不论是纵向和横向的国家文化治理体系的建构，都可以使更好地为国家治理现代化的完成而服务。

三、推进政策实施能力建设

在推进政府的政策实施能力建设中，需要我们在制定详细的政策实施计划和建立科学创新型的政策实施方案两个方面施行，良好的政策实施能力是决定政府能否完成国家文化治理计划的保障。

（一）完善详细的政策实施计划

政府在推进文化治理政策实施的过程中，完善实施计划可以有效地提高政策行政效率，更好地履行文化治理过程中的责任。首先，计划的目标要具体化、科学化。一般组织中的目标都太过于简化，所以在制定实施计划的时候要详尽，具有严格完整并有弹性的政策目标，高层政府的目标越准确，基层的政策实施的保障就越大，才会完成更加具体。其次，目标和计划应当是可衡量、一致的。一个可衡量的目标才可以使得工作人员在治理政策实施过程中把握政策实施的进展状况，并不断地把政策实施的程度跟目标进度加以比对，看出差距和偏离与否，进而有效地纠正。政策实施的目标应当是切实可行并具有保障的。最后，应当给予完成目标时一个有效的奖励制度。制度的政策实施力度取决于行政工作人员对政策的执行力度，而政策的保障力就需要给予工作人员以极大的凝聚力和，可以更好地促进计划的实施和文化治理的有效完成。

（二）制定科学创新型的政策实施方案

制定科学创新型的政策实施方案，可以更好地实现国家创新驱动战略的实施，使得文化治理的政策在实施过程中得到切实有效的保障，有效地将国家、社会和公民整合起来，充分发挥各方主体在文化治理中的作用，各尽其责，统筹兼顾才，会更好地实现科学管理的构想。一是继续推进文化产业法律条例制定工作，增强我国文化政策法规的完备性、时效性和公正性。二是着力推进文化政策制定信息化、文化政策预演模拟化、文化政策评价定量化、文化政策实施数据化等。所以加大文化创新力度，采取更好更为科学有效的政策实施方法都显得尤为重要。首先，应该切实转变政府职能，更好地做好政策实施过程中的保障工作。健全文化治理过程中制度创新，相关的项目评价审核标准、奖罚机制、分配制度和机制，落实知识产权保障等措施，只有政府切实的做好对于权利的保障工作，才能使政策实施得到切实有效的保障。其次，开展有效的科学创新的激励机制的研究。激励机制的研究首先被运用于企业管理的方面，只有保障行政人员的自身的利益奖励，给予他们在体制制度中的安全保障及行为规范的保障，才能使他们有自身的动力和激情来高效地完成政策实施工作。最后，创新人才引进机制。政策的实施最终靠的是人才，综合的利用高新技术开发区、大学生科技园区等一系列人才基地，鼓励人才参与自主创新项目，给予更多的团队创新意识培训，有效的整合市场资源，聚集起更多的高水平人才为文化治理政策服务，提高服务效率和服务质量，形成高效清晰的政治服务环境，加大资金扶持力度，才可能在文化治理实施过程中更好地体现国家意志，使得政策实施更大程度上被有效保障。

（三）保障国家文化需求

德国社会科学家马克斯·韦伯在题为《以政治为业》的演讲中曾对现代国家做了一个界定："国家是这样一个人类团体，它在一定疆域之内成功地宣布了对正当使用暴力的垄断权。"按照这个定义，一方面国家垄断了暴力的使用权，军队、警察等暴力机构，只能由国家来掌控；另一方面国家对暴力的使用，必须是正当合法的。这里的合法并非仅仅是指法律意义上的合法，更重要的是获得人们心理上的自愿认同，这种认同可以通过制度化的方式来实现。在现代政治中，获得民众认同的制度化方式主要是民主选举制，比如我国的人民代表大会制度。在这种机制之下，人民可以选出自己的代表，并且对代表进行约束，以维护自己的利益。这样，人民自然会对国家产生认同。此外，通过文化、价值观念的传播和宣传来塑造一种共同的文化身份意识和共有的文化情感，也可以确保人民的认同。后一方面的内容就是这里要阐述的国家文化需要的主体。不过，我国的自身特征和当前处境决定了我国国家文化需求的特殊性。

我国是社会主义国家，社会主义意识形态是我国的立国之本，社会主义意识形态宣传和社会主义核心价值观的传播是我国国家文化需求的重要部分。随着全球化进程的加快，尤其是在"一带一路"倡议提出之后，国内外文化联系和交流更加频繁，这当然有助于促进文化的发展与进步，但是某些潜在的文化风险仍然存在，并且出现加剧的趋势，文化安全和文化外交就十分重要。中国是一个有着悠久文明传统的国度，民族文化传统已经成为中国人进行自我认知的重要标识，民族文化遗产保护和优秀传统文化传承应是国家文化需求的重要内容。文化和艺术的传承发展既是一个国家和民族的身份证明，也是其进一步发展和进步的智慧和文明支撑，文化艺术的创作和传播以及相应的必要的国民美育对于民族来讲亦是始终需要重视的文化需求。

1. 维护主流意识形态

1949 年，新中国成立。经过三大改造，社会主义意识形态最终得以在中国完全确立，马克思主义成为我国主流意识形态，并且得到了广大人民群众的认同和支持。在改革开放之后，随着社会主义市场经济的确立和发展，社会主义意识形态的内容得到了进一步的丰富和充实。与此同时也面临着许多挑战，这些挑战不仅源于社会主义市场经济的发展改变了人们的观念，还在于当前日益多元化的社会思潮不断冲击着社会主义意识形态的主导地位，此外，政治腐败直接影响了人们对社会主义意识形态的信心和认同。

正是由于社会主义意识形态正面临着一系列的挑战，所以当前在构建国家文化治理体系的过程中，政府必须重视抓好意识形态工作。意识形态工作必须分清主次。从某种意义上来讲，意识形态具体的宣传工作是第二位的，更加重要的是要确保社会主义意识形态的动态适应性。由于意识形态是一定社会结构、经济状况的反映，因此，当社会经济结构发生变化的时候，意识形态也应该发生变化，与时俱进，如此方能保持意识形态对社会存在和发展的解释力，维持并且增加人民群众对它的认同和信心。中国共产党自建立以来的具体实践已经证明了这点。而在2012年，中共十八大提出的社会主义核心价值观则是社会主义意识形态不断适应社会现实的最新体现，展现了社会主义意识形态强大的生命力。

保持社会主义意识形态的动态适应性是维持意识形态吸引力的根源。不过，具体的宣传工作仍然是不可或缺的。真理并非先天比谬论更易于传播。相反，谬论甚至是谎言因其适应大众习惯思维和心理需求，往往具有煽动性，传播速度更快。历史地看，尽管真理终究能够传播开来最终战胜谬论，理论宣传的作用也决不能忽视，因为它能够加速或延缓真理最终战胜谬论的时间。因此，意识形态的宣传方式和策略是非常重要的。党和国家一方面要促进社会主义意识形态的自我更新和完善，另一方面也应该改善意识形态的具体宣传方式。

意识形态与文化发展具有十分密切的关系。首先意识形态是文化的重要组成部分，二者都属于上层建筑。但是由于社会意识形态，尤其是社会主流意识形态的特殊性，它与文化创造以及文化工作的开展的关系却不像意识形态与文化本身的关系那么简单。因为意识形态不仅是一定社会物质生产状况的反映，更是该社会综合实力的体现，是在纷繁复杂的国际竞争中占据优势的重要因素。每个社会的统治阶级的意识形态都是占社会统治地位的意识形态，它集中反映该社会的经济基础，表现出该社会的思想特征。因此，我国当前的社会主义意识形态必然要以无产阶级意识形态理论为指导，当然文化发展工作也不例外。

文化发展工作与意识形态建设处于不同的层面，也有不同的性质、不同的表现、不同的作用，但却关系密切，千丝万缕，难以分割，主要表现在以下三个方面。

一是指导与被指导的关系。意识形态指导文化发展工作，文化发展工作反过来要接受意识形态的指导。只有在主流意识形态的指导下，中国文化的发展才能真正做到客观认识和反映当代中国，看待外部世界。我国的主流意识形态不仅是一整套世界观，同时也是一整套方法论。意识形态必须在完善文化服务体系、文化创新机制、健全文化市场、保持文化健康快速发展等方面给予指导。

二是本质与体现的关系。意识形态是社会文化的本质，而各种各样的文化则是这种本质的外在表现形式。一个社会的意识形态主要有三个方面的内容：统治阶级的意识形态、已经消亡阶级的意识形态、新孕育的阶级的意识形态。其中统治阶级的意识形态占据主要地位。任何社会意识形态都是以文化为载体，通过思想传播影响他者的。不论是以人民为中心的创作导向、公共文化服务体系和机制的建立和完善，还是对于传统文化的关注和复兴，以及提出国家文化软实力和话语权都是无产阶级意识形态的一种体现。

三是服务与独立的关系。一方面意识形态决定着文化发展的方向，各种文化形式反过来服务于意识形态。强大的文化环境是一定阶级意识形态的重要支撑。大力发展文化产业，促进文化产业健康快速的发展，继承和弘扬中华优秀传统文化，增强文化整体实力和竞争力，为社会主义意识形态的传播提供文化支撑。马克思主义意识形态必然不是孤立存在的，它往往与一定具体形态的文化相结合。换句话说，文化往往是一定阶级意识形态的载体。另一方面意识形态和文化还具有相对的独立性。意识形态和文化的变化并不是与社会存在的变化相一致，意识形态和文化对社会存在具有能动的反作用。除此之外，意识形态和文化都有其独立的发展历程和继承关系。文化与意识形态的相对独立性在传统文化的发展过程以及我们对传统文化的态度转变中表现得淋漓尽致。

2. 培育和弘扬社会主义核心价值观

2012 年 11 月，中共十八大报告明确提出"三个倡导"，即"倡导富强、民主、文明、和谐，倡导自由、平等、公正、法治，倡导爱国、敬业、诚信、友善，积极培育社会主义核心价值观"，这是对社会主义核心价值观的最新概括。

社会主义核心价值观是社会主义核心价值体系的内核，体现社会主义核心价值体系的根本性质和基本特征，反映社会主义核心价值体系的丰富内涵和实践要求，是社会主义核心价值体系的高度凝练和集中表达。社会主义核心价值观是新中国成立以来，党在探索社会主义意识形态建设、社会主义核心价值体系方面的最新成果，是对"社会主义荣辱观"的继承和发展。

"富强、民主、文明、和谐"是我国社会主义现代化国家的建设目标，也是从价值目标层面对社会主义核心价值观基本理念的凝练，在社会主义核心价值观中居于最高层次，对其他层次的价值理念具有统领作用。

在应对世界范围思想文化交流、交融、交锋形势下，社会主义核心价值观是价值观较量的新态势，是改革开放和发展社会主义市场经济条件下思想意识多元、多样、多变的新特点，也是适应我国在改革开放的大发展、大变革、大调整时期，各种价值观念和社会思潮纷繁复杂的局面而出现的。

社会主义核心价值体系和核心价值观内在一致，都体现了社会主义意识形态的本质要求，体现了社会主义制度在思想和精神层面的质的规定性，凝结着社会主义先进文化的精髓，是中国特色社会主义道路、理论体系和制度的价值表达。

核心价值体系和核心价值观是决定文化性质和方向的最深层次要素，是一个国家的重要稳定器。坚守我们的核心价值体系和核心价值观是我党开展文化工作的指导方针和前提。只有坚持社会主义核心价值体系，把握我国文化建设现代性的方向，推进社会主义文化建设，增强文化的现代性，才能突出"以人为本"，体现出社会主义文化建设的基本要求。

3. 保护民族文化遗产

前文已经从文化安全的角度说明了民族文化传统的重要性，不过保护民族文化传统的意义并不仅止于此。保护民族文化传统与遗产，促进中华民族文化的更新，还是实现公民基本文化权利，满足人民基本文化需求的重要手段。中华文明有着五千年的历史，在历史的长河中，各种文化相互融合、发展，形成了独特的中华民族文化。这些民族文化深刻地影响了中国人的思维方式与价值观念，中国人的生活方式，因此在构建国家文化治理体系时，政府必须积极地利用、保护和传承好中华文化传统。

虽然近年来政府在民族文化资源的开放与利用上取得了巨大成绩，但是在具体工作中仍然存在许多问题。一是公共财政投入相对不足。主要表现在资金总量不足和资金分配结构不合理两个层面上，并具体体现为文化事业投入占公共财政比例依旧偏低，文化投入在城乡分配结构上仍需改进等。二是对民族文化资源的商业开发过度。民族文化被视为经济发展的手段，过度的商业开发消融了文化应有的独立性和崇高感，导致民族文化的破坏式改造。三是开发利用民族文化传统严重脱离人民群众的实际文化需求，最终沦为"形象工程"。

因此，通过保护和开发民族文化传统来保障国家文化需求，至少需要在以下三个方面进行施为。首先，中央政府和地方政府应加大对民族文化事业的投入，同时，还要建立健全多元化的融资渠道。应当在确保公共财政充分投入的同时，建立健全民族文化事业的多元融资渠道，在政府主导的原则下运用行政、税收等公共手段吸纳、引导社会资金进入民族文化建设事业，建立包括财政拨款、社会融资、社会捐助、企业赞助等手段完备的资金保障体系。其次，强化民族文化事业的公益性。民族文化是民族物质财富和精神财富的总和，是长期历史发展过程中不断积累形成的共同体意识，属于民族全体成员，在现代社会也理应作为无差别的公共产品提供给社会全体成员。最后，民族文化事业要讲求实际效果，不能停留于"形象工程"。开展文化事业必须立足于社会经济发展水平、实际文化需求层次和文化发展规律基础之上，从落实服务实效出发，争取用有限投入实现最大社会效益，为公众提供切实、有用的公共文化服务，避免"形象工程"和盲目建设。

4. 传承中华优秀传统文化

"建设优秀传统文化传承体系，弘扬中华优秀传统文化"是党的十八大提出的重要任务，是"五位一体"总布局中"文化建设"的重要内容。

十八大以来，习近平总书记数十次讲到中华优秀传统文化，指出"中华优秀传统文化是中华民族的突出优势，是我们最深厚的文化软实力"，"中华民族的伟大复兴需要以中华文化发展繁荣为条件"，"我国今天的国家治理体系，是在我国历史传承、文化传统、经济社会发展基础上长期发展、渐近改进、内生性深化的结果"，"要加强对中华优秀传统文化的挖掘和阐发，努力实现中华传统美德的创造性转化、创新性发展，把跨越时空、超越国度、富有永恒魅力、具有当代价值的文化精神弘扬起来，把继承优秀传统文化和弘扬时代精神、立足本国又面向世界的当代中国文化创新成果传播出去"。

传承中华优秀传统文化具有重要的时代意义。第一，传承中华优秀传统文化是光荣使命。中华文明是世界上唯一一脉相承、不曾中断的文明。中国共产党执政的中国理应自觉承接起中华文明传承的重任。第二，传承中华优秀文化是治国理政的重要资源。中华优秀传统文化在治国理政方面积累了大量的历史财富和具有现实实用性的宝贵历史财富。第三，传承中华优秀传统文化是文明崛起的内在要求。中华优秀传统文化，虽然以儒家为核心，但在漫长的历史中形成了兼容并包、多元一体的特点。激活这些优秀传统文化的核心价值，将推动中国文明的崛起。第四，传承中华优秀传统文化是重建社会核心价值的重要方式。中国优秀传统文化包含了孝悌忠信、礼义廉耻、仁者爱人、与人为善、天人合一、道法自然、自强不息等价值观念，对规范社会秩序、净化社会风气、形成社会合力等具有重要意义。第五，传承中华优秀传统文化是发展战略和发展转型的重要支撑。从时代的宏观背景来看，当前的中国正处于社会转型时期，在由传统社会向现代社会的艰难转型过程中，各种社会问题层出不穷，日益成为阻碍社会发展的重要因素。从社会的微观运行来看，当前的中国发展进入新常态，政治、经济、社会等各个方面都面临着结构性调整和革新，改革发展压力巨大。在这一过程中，中华优秀传统文化可以为中国社会的转型发展提供无穷的智慧和经验。

5. 文化安全与文化外交

在当今的世界体系中，我国的文化利益和文化安全遭遇了许多挑战。随着全球化不断加深，各国文化交流不断深入，文化融合趋势影响了世界，一种"全球意识""全球价值"的新文化观念出现了。但是在各国文化和谐相处、不断融合的表面现象背后，却隐藏了更加深刻的矛盾与对立。为了应对文化霸权、维护本国的文化利益、保障国家文化安全，政府必须从以下三个方面着手。首先要建立健全国家文化安全管理和预警机制。以国家文化利益和国家文化安全为出发点，对文化市场和文化产业实行适度准入。其次要促进自身文化发展，增强文化自信。在这一基础上，政府还应积极推行"文化走出去"战略，展开文化外交，让西方各国认识和感受到中国文化的魅力，并且和世界各国合作。最后要积极保护民族文化传统，维持中华民族在文化上的独特性。

6. 推进文化艺术创作与传播

文化是民族的血脉，是人民的精神家园；艺术是民族精神的火炬，是时代前进的号角。社会主义文艺是实现社会文明、构建和谐社会的重要途径之一，关乎中华民族精神命脉的顺利延续，关乎社会主义核心价值观的健康涵养。实现中华民族伟大复兴，离不开中华文化繁荣兴盛，离不开文艺事业繁荣发展。举精神旗帜、立精神支柱、建精神家园是当代中国文艺的崇高使命。弘扬中国精神、传播中国价值、凝聚中国力量是文艺工作者的神圣职责。推进文化艺术创作与传播是保障国家文化需求的重要方面。

在市场经济大背景下，社会主义文艺的繁荣离不开文艺市场的繁荣，更离不开健全的法律法规的有力规范。在繁荣社会主义文艺的过程中，充分利用市场机制和市场活力是促进文艺创作、丰富文艺产品、满足文艺需求的重要手段，也是在社会主义市场经济体制下推动文艺繁荣和发展的必然选择。离开了市场对文艺产品供给和人民群众文艺需求的有力调节，仅仅依靠行政力量去配置文艺产品，是远远无法满足最广大人民群众的普遍文艺需求的，这一点已在之前的历史实践中得到了充分证明。市场是对社会资源进行合理配置的最为简便、最为有效的方式，文艺作品由创作完成到被广大人民群众所共享必须充分依靠市场对社会资源的合理配置功能。在社会主义市场经济不断健全和日趋繁荣的时代背景下，理应在丰富文艺产品和满足人民群众多样化、个性化文艺需求的过程中更多地发挥市场的作用。这是坚持以人民为中心的创作导向、实现文艺产品服务人民群众的制度保障。当然，也应当理性地认识到，完全依靠市场对文艺产品进行自主调节必将导致竞争无序、价值扭曲、唯利是图、不良文艺作品泛滥等问题。充分的市场调节能够有效地促进社会主义文艺繁荣发展，但是完全依靠市场调节则必然使社会主义文艺发展偏离正常轨道、陷入危险境地，因而也就必须依靠健全的法律法规体系来为社会主义文艺市场设定必要的底线和规则。法治手段既是推进依法治理社会主义文艺事业的制度性安排，也是保障社会主义文艺健康发展的有效举措。通过推进文艺立法进程，不断完善和健全社会主义文艺事业领域的法律法规体系，才能在制度层面保证社会主义文艺事业始终坚持以人民为中心的创作导向。利用法治手段对社会主义文艺市场进行有效引导和必要规范，保护秉持以人民为中心的文艺创作行为，惩治破坏以人民为中心的文艺创作行为，可以最大程度上净化社会主义文艺市场，保障社会主义文艺市场有序运行和健康发展。只有实现市场繁荣和法制规范相应合，才能在保持以人民为中心的创作导向的社会主义属性前提下，充分实现文艺产品的极大丰富、文艺创作的极大繁荣和文艺需求的极大满足。

7. 重视国民美育，提升国民素质

加强国民美育，提升国民素质是保障国家文化需求的重要方面之一，国家文化治理的主要目标之一就是切实提高国民整体素质，提高国民美育水准。国家文化的发展，关系着中华民族伟大复兴，是提升我国综合国力的一项重要内容。而提高我国文化软实力，不仅是要提高文化艺术生产水平、国家文化治理水平，更需要提升全民文化艺术素质。

人是生产力中最活跃最根本的要素，是我国各项事业顺利发展的决定因素之一。重视国民美育、提升国民素质有助于培养和形成以社会主义核心价值观为主流和主体的社会共识，形成社会合力；有助于传承和发展中华优秀传统文化，提高文化艺术生产创作，促进文化艺术健康发展；有助于突破当前的教育格局，充分发挥社会教育在知识传承、公民塑造等方面的作用，弥补当前教育体制的各种不足。通过国民美育的强化和国民素质的提高，可以为保障国家文化需求提供强大的人力和智力支持。

（四）动员社会参与文化治理

国家产生以来，国家与社会的关系就成为一种基本的关系。随着经济政治制度的发展与不同，国家与社会的关系也不相同。更多的时候，国家与社会的关系通过政府与社会的关系表现出来，也由此产生出诸如大政府小社会模式，或者小政府大社会模式，无非是说政府与社会的势力强弱问题。我国在长期的计划经济体制下，政府是全能的，势力无所不包无所不至，社会的功能完全萎缩。随着市场经济的深入，这种状况必然根本改变。政府与社会关系是基本的二分法，更为长远和宏观，事实上随着市场经济的发展和治理理念的不断深化，二分法演变成为政府、市场、社会的三分法。这个三分法就是把二分法中的社会做广义理解与狭义理解而区别开来，广义的社会包括了狭义的社会和市场，三分法之社会就是只取狭义理解，单指社会组织和公民个人。不管二分法还是三分法，都是针对政府本位来说的。在治理理念下，政府、市场和社会相对成为平等的主体，只是因为机制不同，发挥着不同但却是互补的作用，共同对社会事务产生影响。

政府、市场和社会是因内在运行机制不同而分别自成系统的宏观主体。政府系统以行政机制即命令与服从为主；市场系统以市场机制即竞争与赢利为主；社会系统以社会机制即公益和合作为主。作为宏观主体，三者之间功能职责界分并不存在静态、普遍性适用标准，而是变动过程，会因经济政治制度、文化传统和公民权利发育程度及意识形态选择等有所不同。三者关系在不同国家、时代、领域不尽相同。依据哪些因素，如何划定政府、市场和社会的关系，政府部门内部和上下级之间如何配置职责和权力，是国家治理包括文化治理的根本问题。中国的历史背景和现实国情，要求政府在国家治理包括文化治理方面，必须承担"元主体"责任，整个体系的构建，政府与市场及社会关系的界分、实践和调适，特别是如何动员和激励市场、社会参与治理既是政府的权力，也是政府的责任。

1. 政府充分尊重和发挥市场作用

政府动员社会参与文化建设，首先表现在市场经济条件下，充分发挥市场配置资源的决定性作用。文化治理的具体内容是文化产品和服务的生产与提供，市场配置资源的决定性作用要得到体现，政府需要注意五个方面：①尽可能交给市场。在文化产品与服务的生产与提供上，占据越来越大比例的非公共文化产品与服务，政府尽量退出，完全交给市场。②尽可能与市场合作、与市场结合。准公共文化产品和服务，包括现在狭义上的公共文化服务内容，虽仍是政府负责，但多数可以让市场参与，可以提高针对性和效率。

③尽可能借鉴、使用市场机制。即使在现阶段不太适合让市场参与的部分或纯公共文化产品和服务虽然生产和提供需要在政府内部解决，但需要在内部范围内借鉴市场的微观机制，引入竞争、效益和成本核算等市场机制的理念。④尽可能地让市场机制充分、健康地发挥作用。政府不再是唯一的文化市场治理主体，文化企业作为文化生产经营主体，与文化消费主体一起，都不仅是文化市场治理的客体，而且也是平等互动的文化市场治理主体。把文化企业和文化消费者作为治理主体纳入现代文化市场治理体系的范畴，让公民和社会共同参与文化市场治理能力建设，积极建构企业法人治理和社团法人治理、政府依法治理和消费主体参与治理相辅相成、相得益彰的现代文化市场治理格局。⑤尽可能有效地救济市场机制的"失灵"。完全不适合市场的关系国家安全的文化利益，还应由政府负责；充分发挥社会组织和公民个人的积极性，使它发挥好支撑和连接政府与市场的作用，最大限度地补救或缓解政府和市场的两个"失灵"，帮助和弥补市场配置资源决定性作用的局限。

2. 社会组织参与文化治理

政府在国家治理体系和治理能力现代化过程中依然存在着能力障碍、利益障碍、体制障碍和技术障碍，由此导致政府或多或少在国家治理中存在"盲区"和"短板"。社会组织作为非政府组织、非营利组织，具有非政府性、自治性和自律性等特点，从某种程度上弥补了政府的"短板"，"拾遗补缺"，成为文化治理的重要力量，随着市场经济体制的逐步完善和行政管理体制改革的不断深入，文化社会组织在国家文化治理体系中将起到越来越重要的作用。具体来说，表现在以下四个方面。

第一，文化社会组织弥补政府和市场对文化服务供给的不足。政府失灵理论表明，由于受到诸多限制，政府提供的文化服务无法满足全体民众多元文化需求；同样，市场失灵理论也表明，市场在提供文化服务时常常缺乏动力和足够的积极性。因此，文化服务需要社会组织的介入，提供多元化或多样化的文化产品与服务，以弥补政府和市场在文化服务供给方面的不足。根据文化服务具有的公益性程度不同，可将文化服务分为两大类，即基本文化服务（具有完全公益性特征）和非基本文化服务（具有不完全公益性特征），而非基本文化服务可进一步划分为准基本文化服务（具有部分公益性特征）和经营性文化服务（不具有公益性特征）。政府主要负责提供基本文化服务（典型的公共服务），企业主要负责提供经营性文化服务（典型的私人服务），社会组织主要负责准基本文化服务（兼具公共和私人的服务）。当然，这只是逻辑上的理论划分，因为各类文化服务之外延在现实中是处于动态变化之中的。基本文化服务取决于政府的选择，经营性文化服务取决于企业的选择，准基本文化服务则取决于政府与企业选择之后的选择，动态性不言而喻。

第二，文化社会组织有益于丰富公共文化服务的内容。在计划经济时期政府是公共文化服务的唯一主体，包揽公共文化服务，虽然政府文化主管部门本身及其所属的文化事业单位做出了诸多努力，但由于体制等多方面原因，使得公共文化服务不尽如人意，连最基本的公共文化服务都难以完全供给，更难满足公众的多样化文化需求。行政体制改革和市场经济发展，不仅使得文化事业单位具有了一定活力，也让其他社会组织逐渐介入文化服务过程，形成全社会提供文化服务的格局，即文化服务的社会化和市场化，使文化服务走向多元化供给模式，为社会各阶层提供不同层面的文化服务，改变过去由政府包办时期文化服务品种单一的局面。这样既丰富了文化服务的内容和形式，也提高了文化服务的效率与质量。

第三，文化社会组织可以促进行政管理体制改革和政府文化行政职能转变。社会组织不仅可以部分承担提供公共文化服务的职能，还可以承接政府的部分公共文化管理职能。随着市场化的不断深入，各种民间文化自治组织、文化行业组织将会不断出现，它们是自律性文化组织的主要形式，当各种民间文化组织和文化行业协会将政府公共文化管理的职能以民间自治、行业自律的形式承接下来时，将成为政府公共文化管理的补充和政府体制改革的极大推动力，为政府文化行政职能转变提供良好的社会环境，在政府文化行政职能转变中起到难以估量的积极作用。

第四，文化社会组织有利于推动公共道德建设。文化社会组织不仅可以为社会提供高质量的公共文化服务，而且还可以促进公共道德建设。在市场经济发展过程中，不可避免地会出现公共道德的混乱与缺失，通过各种公共文化活动建设公共道德是政府应尽的责任与义务，文化社会组织作为对政府公共文化服务的补充，又由于其具有的非营利性和公益性特征，在与民众沟通中具有更大的亲和力，不仅在公共文化服务中会发挥更大作用，也将在公共道德建设方面起到重要作用。

3. 公民参与公共文化服务

政府在文化治理体系中动员公民文化参与的职责与政府的公共文化服务职能是密切相关的。在我国的"十五"规划中就对文化事业和文化产业作出了明确区分：文化事业是指主要着眼于社会效益，以非营利性为目的，为全社会提供非竞争性、非排他性的公共文化产品和服务的文化领域；文化产业，根据《保护和促进文化表现形式多样性公约》第四条对其所作的界定，是指生产和销售文化产品或服务的产业。换言之，文化产业是指从事文化生产和提供文化服务的经营性行业。文化产业中的公民活动主要是指公民在市场机制中通过消费文化产品从而获得文化上的享受，文化市场需要政府进行规范和治理，但是在这里无需政府去动员公民的文化参与，公民在其中主要是依据自身的喜好和消费能力来参与文化活动，在其中与其说是一个公民，不如说是一个消费者。而在文化事业中，主要是通过以政府为主导的提供公共文化服务的方式来运行的，因此，所有公民都是公共文化服务的受益者，公民的文化参与在公共文化服务体系的构建和运行过程中发挥着十分重要的作用。

公民的参与度和满意度是衡量一个公共文化服务体系是否有效和成功的重要标准。由于受计划经济体制遗留的影响，我国的公共文化服务体系主要是以政府为主导的自上而下的供给模式。在这种模式下，公民处于被动接受者的地位，如果只是政府单方面提供公共文化服务，公民参与程度不够，不仅会造成公共资源浪费，也无法达到提高公民文化素质的初衷，而且随着经济和社会的快速发展，这种垄断式的供给模式也越来越难满足公民多样化的文化需求。因此，公民的有效参与不仅可以使政府提供公共文化服务更有效率，更能符合公民的文化需求，也更能有效扩宽公共文化的生产和传播渠道，促进公共文化服务的多样性。

首先，公民的参与是公共文化本质属性的内在要求。公益性或公共性是公共文化的本质属性，社会群体的平等参与是公共文化共享的重要形式特征，是实现其公益性的唯一途径。高质量的公共文化服务体系是多元主体共建和共享的结果，公民的参与是其中一个重要的变量。公共文化服务是面向所有公民的，公共文化服务的均等性就是要求公共文化服务要向所有公民平等开放，如果公民不能平等地参与其中，存在着各种制度和社会条件的限制，这和公共文化的本质属性是相背离的。而且公民的参与可以在一定程度上弥补政府在公共文化服务投入上的不足，经过市场经济洗礼的现代公民已经不仅是公共选举的平等投票者，也不仅是政府公共服务的消费者，更不是政府立场的反对者，而是变成了改善民生的直接参与者和积极活动者。公民在公共文化服务体系中不应仅仅定位于公共文化的享受者，更应该鼓励公民成为公共文化的提供者。这样，不仅能够促进公共文化的多样性，满足不同人群的文化需求，也有助于公民精神的培养。

其次，公民的参与有利于促进公共文化服务体系建设更加科学化、民主化。公共文化服务体系必须综合考虑各种社会群体的文化利益诉求，并寻找其最大公约数，其理想状态是形成各方利益体系都能够兼顾，尽可能均等化的格局，但是在现实中则是一个多方利益相互博弈、相互妥协的过程。因此，不同社会群体的共同参与是实现公共文化服务均等化的重要途径。首先，公民参与有利于政府部门获取公共文化服务真实的需求信息。公众的文化需求信息是提高政府对公众需求回应性的前提。公共文化服务是一个复杂的体系，政府需要综合考虑不同群体的不同诉求，增强公共文化服务的科学性和针对性。其次，公民参与有利于保证公共文化服务的公益方向，推进决策民主化。公共文化服务应该把民众作为服务对象，把公共文化利益作为出发点和归宿。因此，政府需要充分考虑到民众的态度和意见，作出代表最广大民众文化需求、公共利益最大化的决策。公民参与的直接后果通常就是影响公共决策和公共生活，迫使决策者倾听公民的意见，并且按照公民的意见来制定有关政策，从而使相关的政策变得更加符合公民的利益。

最后，公民参与是弥补政府公共文化职能部门"失灵"的有效方式。与市场和社会相比，政府在提供公共服务方面具有重大优势，但是政府也不是万能的，其缺点和不足也是难以避免的。政府失灵是指"政府在提供公共物品和服务时，由于缺乏有效的竞争和有力监督，政府人员会直接或间接地做出有利于自身利益的选择，导致腐败活动和寻租行为，损害公共利益"。在公共文化服务领域，某些公共文化服务行业，因政府特许或公共部门垄断生产之后，就成为这一类公共文化物品和服务的唯一生产者或供给者，他们就会千方百计地阻止潜在竞争者的进入，从而获得超额垄断利润。对于政府失灵，公民的积极参与不失为一种有效的应对手段。首先，公民参与为公民提供了一条获取公共文化职能部门信息的重要渠道。通过各种参与途径，公民能获得与公共文化服务相关的行政预算、公共开支和政策实施等政府信息，可以起到约束政府公职人员行为的作用。其次，公民参与有助于公民监督公共文化职能部门的政策决策和政策执行。事实证明，凡是公民参与权保障得较好、公民参与较为充分的地方，对规则实施的监督较为有力，公共服务提供的效果较好，社会较和谐。公民的广泛参与，让权力在阳光下运行，是监督和制约权力的最有效方式。

4. 政府在动员公民文化参与中的职责

从上面的分析中可以看出，公民的文化参与和公共文化服务水平的建设有着十分密切的关系，因此动员公民文化参与也就成为政府在提升公共文化服务水平过程中的一项重要职责。政府履行这项职责应主要从以下四个方面着手：

第一，政府应尽可能加大公共文化服务的财政支持，建立健全公共文化服务体系，打破公共文化服务在地区之间、城市和农村之间分布不平衡的状况。由于受经济和社会发展水平差距以及中央集权型政治体制的影响，我国公共文化服务资源出现了向中心城市集中的现象。从整体分布上看，东部地区强于西部地区，大城市强于小城市，城市强于农村，而且随着城市行政等级递减，公共文化服务的水平也呈现出衰退趋势。因此，要使民众能够广泛参与到公共文化服务中来，享受公共文化服务的成果，必须打破这种公共文化服务资源分布不均的状况。

第二，政府应利用各种现代技术条件努力提高公共文化服务水平，为全民共享公共文化服务资源提供周到便捷的服务。日本的公共文化服务水平非常完善，值得借鉴，比如日本的公共图书馆能为各种人群提供便捷周到的服务。图书馆借阅手续非常简便，只要出示有关身份证明（如驾驶执照、健康保险证，外国人凭护照等），即可办理借书证，且不收任何费用。不必专门去借书的图书馆还书，找离家最近的图书馆就可还书，图书馆系统内部会自动将书送回原来借书的图书馆。为了方便儿童阅读，几乎所有的图书馆都设有儿童阅览区，甚至还有专门的儿童图书馆。为给残疾人提供方便，图书馆一般都备有轮椅，建有残疾人专用的无障碍通道或电梯，以及专用借阅柜台和专用洗手间等。如果由于残疾或因病卧床不起，不能亲自去图书馆借书时，图书馆会派人把书送到家里来。另外，为了方便盲人读者，除了设有专门的盲文图书馆之外，各个图书馆都有盲人专用的、录制在磁带上的"录音图书"，使盲人也能和正常人一样享受到"读书"的乐趣。至于要阅览没有被录制加工的普通图书时，只要事先预约，图书馆工作人员会把书念给你听，这种人性化服务可以说是温馨到家。正是这种周到便捷的服务为各种人群参与、享受公共文化服务创造了十分便利的条件。

第三，政府在与公共文化服务有关的决策、执行和运行过程中应保障公民的知情权、参与权和监督权。首先，在公共文化政策和文化项目决策阶段，公民参与的主要作用是通过政府信息和公民文化诉求的对接，在相互交流、相互协商的基础上，实现决策的价值理性（应该做什么）和工具理性（应该怎么做）的优化统一。其次，在公共文化项目实施环节，公民参与是决定项目效率和目标实现的重要因素，这是由公共文化的公共性和互动性所决定的。政府文化职能部门可以通过多种形式尤其是利用新型传媒公布项目信息、告知实施进展情况，并全面收集反馈信息，以便调整方案计划和实施现状之间的差距。最后，公民对公共文化事项的监督是实现公民文化权利和公共文化服务均等化的重要保障。因此，文化职能部门应拓展公民监督的形式，可以通过公民参与公共文化预算、项目审批以及文化职能部门考核等途径监督公共文化服务的执行。

第四，政府不仅应鼓励公民参与享受公共文化服务，更应该鼓励公民创造公共文化服务。政府应为公民生产和创造公共文化服务提供体制和机制的保障，鼓励多元的公共文化服务生产和传播机制，这样不仅能够弥补政府公共文化服务资源的不足，也能够扩展公共文化服务的多样性，满足不同人群的文化需求。公民对公共文化的主动性参与不仅能够培养公民主人翁意识，还能够在相互交往、相互合作的过程中培养理性的公民精神。

政府动员公民文化参与的职能只有在公共文化服务中才能找到其存在的价值和意义，而且动员公民文化参与的主要责任在于政府为公民享受、创造公共文化提供制度性的保障和周到便捷的服务。

（五）提供文化财政保障

政府的财政能力是政府得以存在的基石，也是政府各项职能运行的关键环节，政府财政能力的强弱直接关系着政府治理能力的高低。政府文化职能的实现也是如此，需要政府不断提高文化财政能力作为保障。政府的文化财政能力，一方面依赖于政府对文化事业财政支出的增长，但仅仅是财政支出的增长则不一定意味着文化财政能力的增强，更为关键的是要做好相关财政制度的建设。只有当相关文化财政制度逐渐健全时，不断增长的文化财政支出才会源源不断地转化为政府文化财政能力的提高。因此，文化财政能力的提高主要包括文化事业财政支出的增长和文化财政制度建设两个方面，后者则处于更为基础和关键性的地位。

1. 文化财政支出的保障范围

政府财政支出的首要原则是"公共性"，这也是政府财政得以存在和运行的合法性基础。公共财政的产生和发展一直都在围绕满足社会公共需要而进行，体现了公共财政"公共性"的基本要求。公共财政实质上是一种以满足社会公共需要为主旨的财政制度安排，"公共性"是公共财政是否应该大力投入的重要标尺。对于政府的文化财政支出来说也是如此，文化产品的公共性是判断文化财政支出保障范围的关键之所在。

在公共财政理论中，判断产品公共性的理论主要是公共产品理论。公共产品理论首先区分了公共产品与私人产品，根据产品的特性以竞争性与排他性。

由于公共产品的非竞争性和非排他性，市场和公民社会无力以盈利或是自愿的方式提供，因此就需要政府以公共财政的方式予以提供。公共产品理论表明，公共产品的非排他性与非竞争性使得其生产成本高昂，因此，公共文化的财政支出必须集中力量满足公民普遍的基本文化需要，即在资源有限的条件下，在各种可供选择的公共文化产品组合当中，主要购买或生产那些与广大人民群众基本文化需求相关的产品。公共文化财政如果背离了公民的基本文化需求，不仅在经济上是效率极其低下的，而且在政治上是极其不公平的。

公共产品理论在理论上为政府公共财政的保障范围提供了明确的目标和界限。考察政府对公共文化服务的财政保障范围，应以公共产品概念为准，以市场失灵和政府干预为界限，并与公共财政支出范围相吻合，再明确政府财政保障内容。但是在文化领域，由于文化产品性质的不同，如何确定公共文化财政支出和保障范围一直是困扰各国政府的难题。究其原因主要在于大部分公共文化产品既不是纯私人物品，也不是纯公共物品，而是介于私人物品和公共物品之间的准公共物品。一方面，公共文化产品的供给范围过大会导致政府无暇全面顾及，政府财政无法支撑；另一方面，由于市场在提供公共文化产品时的天然弱点，政府提供的公共文化产品过少则无法保障公共文化产品的普遍性和均等性。

正是由于文化产品公共性的不确定性，各国政府在文化财政支出的保障范围上也形成了不同模式。公共文化预算的外部边界可以粗略地划分为小文化模式、中文化模式和大文化模式，分别以美国、日本和北欧的瑞典为代表。小文化模式中，政府对文化的财政保障范围极为有限；中文化模式中，政府对文化的财政保障范围主要涵盖文化基础设施建设及公益性文化活动；大文化模式中，政府对文化的财政保障范围不仅涵盖传统意义上的公共文化服务，还会涉及体育、旅游等内容。

在我国，文化财政的支出主要是指文化事业费用的支出。文化事业费是指国家用于发展社会文化事业的经费支出，主要有：国有博物馆、图书馆、艺术馆、纪念馆、文艺团体以及新闻、通讯、广播、电视、出版等部门的经费拨款。从文化财政支出的范围上看我国实行的是大文化模式，这既和我国文化事业发展起步晚、基础设施落后、地区发展不平衡等因素有关，也是我国计划经济体制遗留因素的影响，这一点在后文中还会论述。所以我国文化财政支出的保障范围甚至比一般的大文化模式国家的财政保障范围还要扩大。但是我国文化财政的支出占总财政支出的比例基本上是在 0.4% 左右，远远少于大文化模式国家中文化财政支出所占的比例。

2. 我国当前文化财政制度的局限及改进

虽然我国政府对文化事业的财政支出比例一直维持在 0.4% 左右，但随着近年来经济的快速发展以及政府税收的增加，我国政府对文化事业的财政支出总额在不断地增长。文化财政投入的增长极大地促进了我国公共文化事业的快速发展。但也存在着一些问题，成为公共文化事业进一步发展的障碍。

（1）与公共文化发展需求相比，公共文化财政投入相对不足

从文化财政支出的保障范围上看我国无疑是属于大文化发展模式，政府

公共财政对文化事业的支持和保障范围十分广泛。而且由于人口众多、经济快速发展、社会结构复杂化、公共文化发展的需求巨大，当前我国公共文化服务的保障体系远远不能为全社会的公民提供普遍、均等的公共文化服务。与国外发达国家和地区相比，我国公共文化财政投入更是明显不足，数据表明，国际中等以上发达国家的文化投入占到财政投入的 1% 以上，而我国只相当于中等发达国家的 40%。公共文化财政的投入不足严重影响着我国公共文化服务体系的建设，影响着公民基本公共文化权利的实现，需要通过立法逐步加大。

（2）公共文化财政结构不合理

我国的公共文化财政结构不合理主要是指两个方面：首先是政府的公共文化财政投入东部地区强于中、西部地区。这个差距一方面与经济发展的不平衡性有关，但更主要是由我国公共文化的财政模式造成的。"目前我国财政体制中财力划分的总体格局是收入集中在高层级政府、支出责任集中在低层级政府"，而"我国中央政府对公共文化服务的财政投资占比 10% 左右，中央财政投入比重明显偏低"。在我国的财政结构中，中央政府的财政收入要强于地方政府，而中央政府对文化事业的财政投入所占的比例非常小，而大部分公共文化的财政投入要依赖于地方政府的投入。在这种情况下，东、中、西部地区的地方政府因财政收入的差距，对公共文化事业的财政投入就明显拉开了档次，再加上中西部地区的文化设施基础较差，文化事业费用基数低，东西部地区的公共文化服务发展水平的差距不断被拉大。其次公共文化财政的结构在城乡之间也是不平衡的。我国在历史上长期存在着二元制经济体制，再加上近 40 多年的市场经济快速发展，社会资源更加向城市集中，农村地区的公共文化服务设施和公共文化服务水平与城市相比差距被进一步拉大。尽管近些年来中央政府对农村地区的文化投入有所增加，但是无论从经费的数量，还是增长的速度来看，都远远低于政府对城市地区的文化财政支持，这种状况需要进行结构调整，从政策上予以改进。

（3）公共文化服务的供给主体单一，资金使用效率低下

我国目前的文化管理体制是从计划经济体制中延展而来的，虽然随着市场经济的快速发展也进行了一些改革和发展，但总体管理模式依然没有太大改变。政府仍是公共文化服务的主要提供者和资助者，这在无形中加大了政府的公共文化财政负担：一方面政府对文化事业的财政支持能力有限，对公共文化供给的总量不足；另一方面由于政府的垄断式管理，社会力量无法有效进入公共文化服务领域中来，政府投入大量资金建设起来的公共文化服务设施无法得到充分利用，造成资源浪费和资金使用效率低下。政府在公共文

化财政的支出中应加大对社会力量的支持，使多元的社会力量参与到公共文化服务体系的建设中来。这样既可以提高文化财政资金的使用效率，也能够为民众提供多种多样公共文化服务，满足不同人群的文化需求。

（4）公共文化财政的评估、监督机制不健全

目前我国政府在公共文化财政的保障上主要注重前期的资金投入，而在文化财政项目的执行及监督环节，以及文化项目完成之后的评估环节则没有给予应有重视。在文化财政项目执行环节中，按照相关法律要求，公共文化财政的投入使用是应该从始至终都要受到严格监督和制约的，"但在实际的操作过程中，往往会出现人大对各级政府的监督力度不强、不及时，对一些违法违纪行为姑息纵容"的现象，造成财政资源的浪费和低效。文化财政资金的考核、评估也没有得到应有重视，严重忽视对后期资金使用的绩效评估，从而导致无法为决策者提供有力的决策依据，也难以起到激励和约束作用。政府绩效管理是不少国家都在提升政府效能方面不断推进的一项制度，其中对财政项目的绩效评估是实体环节，应该予以吸收借鉴，在文化财政支出尤其是重大文化项目中设定程序、设置指标、加强评估、全面反馈，从制度上确保财政保障作用的健康发挥。

第二节 现代文化市场管理措施

一、完善执行能力建设

完善文化治理中执行力的建设需要把握几个层面：加强政府文化治理中的执行主体人员的责任感和素质提高、创造良好的执行氛围和完善文化治理执行机制。

（一）加强文化治理中执行主体人员的责任感和素质建设

在政府的管理及政策的实施机制中，政府工作人员是政策实施的主体人员，对于一个行政政策来说是极其重要的，发挥着重要作用，行政工作人员的素质高低往往决定了政策的执行程度，美国的詹姆斯·W·费思勒和唐纳德·F·凯特尔认为，官僚必须具备有两种基本素质："一种是责任：忠实的服从法律、高级官员的指令、效率和经济指标；另一种是符合伦理的行为：遵从道德标准，避免出现不道德的行为"。所以说在文化治理的过程中提升政府的执行力必然要首先提高行政人员的执政素养，多方面进行党的教育和爱

岗敬业的社会主义核心价值观的践行，切实履行党的执政为民的精神风貌，另外在学习的过程中，使得执行力的效率提高，在政策执行的过程中切实提高行政人员的自觉意识，强化自身的执行力。

（二）营造行政人员主体内部的良好执行氛围

一个良好的政策执行氛围对于一个政策执行团队有着极大的推动作用，任何文化治理政策的执行都要在一个良好的执政氛围中进行，环境是有多方面影响的，包含政治环境、经济发展水平、社会人文状态等，一个良好的政策执行环境需要政府和公民协同努力，在政府的执行环境中，最关键的一环无疑是对于法律法规的建设，因为这个关乎社会的公平正义，建立健全立法工作，人人都对这个国家和社会具有责任感和忧患意识，共同建立一个对工作认真负责强调效率的、幸福感十足的社会。而在执行的氛围中，地方政府的组织内部的工作氛围对于执行力的影响也是十分重要的。所以我们要加强基层政府的对于文化的学习意识，强化责任感，完善组织内部团结，提高凝聚力，给我们的行政人员一个积极的向心力和正确的引导，使得组织中有家的温暖，才会切实有效地提高文化治理中的政府的执行力。

（三）建立健全文化治理执行机制

文化治理的执行机制的完善是给予治理过程中的一个良好的架构，文化的执行机制的完整度直接影响到执行的行政人员的自身的工作激情和工作感染力。在完善文化执行机制的建设中，首先应该建立有效的实时监督问责制度，合理的完善工作流程监管体系。工作流程的有效监管是提高政府执行力的有效措施，文化治理过程中政府及社会组织面临的很多执行力，工作过程中的目标、规范、行为方式切实有效地符合实际情况，做到"言必行、行必果"，也应结合地方实际，实事求是，不能一味地只看政策忽略了公民的感受。其次应该建立模范管理体制，完善地方政府的行政问责机制，发挥优秀人员的带头作用。健全政府绩效评估制度，施行政府的模范榜样制度管理，使得优秀的人才得到奖励和鼓励。用科学创新性的实际工作方案来提升执行效率，建立健全全面的基于五位一体上的行政人员的考核规范，对文化治理中行政人员的执行面貌、执行过程和执行效果进行全面的数据分析，给予公正的科学评价，使得工作人员可以更大限度地将精力放到工作中来，促使行政执行人员不断增强自我责任意识，才能更好地提高行政人员的主动性和行政责任感。最后应该明确行政人员的责任制度，完善法律问责追究体系，切实的问责工作人员的岗位目标责任制，工作期限完成制度等制度机制，责任到人，制定完善的责任监督体系。建立一个宏观到人的责任负责体系，监督政府行政人员的权力运用合法性，提高团队的执行效率，才可以更快地、科学有效地提高政府的执行力。

二、提升监管能力建设

在文化的治理能力的建设过程中，主要有两个层面的考量：管事和管人。在管事这一层面中，主要是加强文化制度监督体系的建设。而在管人这一层面上，主要是加强行政人员自身素质的监管力建设。

（一）加强文化治理下监督体系的建设

制度是国家治理体系的核心要素，而健全和完善对于制度的监督体系是实现国家治理体系现代化的一个重要途径，只有对于制度的监督和规约规划系统化，才能形成一个国家自上而下的完整的制度监督框架和体系。在提升制度监督体系中，首先，应该完善对于党政领导群体层面的监督。一个制度施行的好坏，领导人的作用至关重要，对于党政领导的权力规约应该直接向政府反腐倡廉机制靠拢，加强政府工作中的领导人员工作定期汇报制度，加强对领导工作人员的日常监督和工作监管。在治理过程中，施行对于政府领导人员的承诺奖罚机制，提高监管约束力，进而提高工作效力。其次，加强对于基层民主下的基层文化治理体系下行政人员的监管。英国思想家约翰密尔指出：“国家的价值归根结底还是组成它的全体个人的价值。”对于政府基层工作人员更是如此，基层的工作人员对于国家治理现代化的完成程度起到了铺垫作用，基层工作人员就像是大楼的根基，是国家治理体系的根基，积极推进基层民主监督力度，加强对基层工作的社会监督和人民群众的监督，打破乡镇文化站之间的各自独立的体系，相互融合、集思广益，在政府中加强对基层文化建设的宣传，间接层面上提高了政府对基层文化站的监管，更好地建立全方位规范的基层公共文化服务体系，实现政府与公民的多方位的监管，制定稳定性、强制性的奖励惩罚机制，进而使文化来维护社会的稳定和国家的长治久安。再者，缓解社会矛盾，提高社会的信访监督力度。要明确信访工作的分管领导的责任，落实到个人，并且分管信访工作的领导要时常自身监管信访的问题和信件，有效地落实到对行政人员的监管，更好地听取群众的意见，还要进一步的提高信访监督的渠道，听取人民群众的宝贵意见，保障其公民权利，通过多层面的方式，切实的引导群众以信件、电子邮件等形式表达自身对文化治理过程中的意见，更好地为解决群众文化治理中出现的问题提出意见建议，鼓励人民群众的适合的方式方法参与国家文化事务管理。

（二）加强行政监管人员的自身素质培养

在提高监管力的过程中，提高文化治理工作人员的素质显得尤其重要，应该加强政府对工作人员监督能力和责任心的培养，多方面地对其进行爱岗敬业的系统培训，落实社会主义核心价值观的社会服务和责任意识，增加行政人员自我素养的提高，多进行一些学习党的先进人物的活动、学习革命先烈的活动，形成为党为民的执政理念，使其在文化治理的过程中，抱有一种深深的国家责任。随着科技创新建设，行政人员也应该不断地学习，接受新的监督方法，与时俱进，时时更新自我，并运用于工作中，更好地为他人提供及时有效的行政服务，更好地树立职业道德。一个良好的职业道德是一个行政人员对政策履行程度的关键要素，树立良好的为人民群众服务的意识，把对于文化事务中的监管看成自家事务的管理，要勇于承担责任，提高自身的行政管理素养，只有文化治理下的行政监督人员素养的提高，才能更好地为国家政策服务，更好地建立国家治理体系，做好本职的监管，提高政策的完成效率。

三、提升文化治理中文化安全保障能力建设

推进国家治理现代化，维护文化治理中文化安全至关重要。我们在文化治理的过程中，需要积极地面对文化治理所带来的问题，提升对文化安全的保障。在这个过程中，我们应该在两个方面进行提高：提高国家内公民的文化认同感和维护文化的意识形态安全。

（一）提高国家内公民的文化认同感

任何改革都必须遵循本国国情，文化治理依然要充分考虑国情的影响，而在本国文化中，更多的应该遵循民族国家的文化认同感。霍布斯鲍姆曾指出，基于文化认同感而形成的国家认同感"乃是他们个人安身立命最基本而不可或缺的认同所在，是他们赖以为生的社会价值所系"，所以说，在我们懂得文化治理含义及价值体现之后，更应该懂得文化治理能力提高文化认同感，才可以更好为国家发展实现中国梦做出铺垫。在这个过程中，我们应该始终提升自身的对优秀传统文化的传承和信仰，重新诠释中华文化兼容并包的思想内涵。增强文化民族认同感，应当要积极继承优秀的传统文化，深刻学习传统文化代表的儒释道三家的核心思想，积极参与到传统文化的学习中来，感受传统文化的巨大魅力，大力弘扬中国民族的优秀品质和坚忍不拔的民族气节，在实践中不断地科学创新，有效的参与文化的学习和发展，全面分析、

整体感知优秀文化，只有文化上的认同，才能使得国家民族及公民自身在情感上引起思想的启迪和共鸣，进而有效地提高民族凝聚力。在基层文化治理过程中，积极推进地方政府对于国学的学习，使得传统文化的传播从小做起，进而形成整个社会的文化氛围。在国家级地方公共文化服务建设的体系中，积极建立传统文化的宣传版面，定期开展国学文化的学习讲座，切实地将文化认同感从个人到社会的整体层次中自下而上，形成一个全社会积极学习传统文化的氛围，这样才能够在面对外来文化时正确的态度分析，有选择有批判地吸收，以实事求是的态度，在实践中科学化、创新性地学习，提高文化治理中的文化认同感，更好地建设中国特色的社会主义先进文化，提高民族凝聚力和增强民族文化认同感。

（二）维护文化的意识形态安全

在维护文化的意识形态安全中，首先，要提升民族文化的传承力和吸引力。让中国文化更多更广的传播到世界各地，积极在国外开设孔子学校的建设，使得孔子学校成为一个中国历史文化的传播途径，将民族文化与世界文化交融，使得在国家社会中面对重大问题的时候，可以从中国优秀文化中汲取智慧，提供好的解决方案；积极弘扬中华文化的魅力，坚持文化中的"引进来""走出去"的战略发展，使得更多的国外学生来中国留学，学习博大精深的中华文化，更好地让世界了解中国，让世界了解中华文化。其次，增强中国政府及企业在国家的影响力。一个良好的政府形象和跨国企业影响力，可以更好地向世界宣扬中国政府的大国意识和责任感，党的十八大以来，以习近平总书记为领导的党的国家领导人，在国际众多场合表明了中国的大国形象和和平发展的理念，无疑是为文化的国家认同和文化的意识形态安全问题给予了足够的诠释。再者，要增强中国文化的国家感召力。积极开展国家之间的文化交融和文化活动，创新文化产品的国际竞争力，加强财政对文化创新产业的支持，推动本国优秀的文化产品走出去，树立中国文化内涵中以和为贵的品质，树立有信誉有责任的国家形象。与此同时，中国应该不断增强国家的五位一体建设中的整体竞争力，这样才能使得文化在国家中享有更高竞争力和凝聚力。

四、满足个人文化消费

（一）公民文化权利和个人文化消费

现代国家的政治运作和社会管理是以权利为本位的，保护个人权利是现代国家机构的存在依据和基本目的。在公民享有的权利中，文化权利是非常重要的一个部分。关于文化权利，《世界人权宣言》第二十二条规定：每个人，作为社会的一员，有权享受社会保障，并有权享受他的个人尊严和人格的自由发展所必需的经济、社会和文化方面各种权利的实现，这种实现是通过国家努力和国际合作并依照各国的组织和资源情况。第二十七条规定：（1）人人有权自由参加社会的文化生活，享受艺术，并分享科学进步及其产生的福利。（2）人人对由于他所创作的任何科学、文学或美术作品而产生的精神的和物质的利益，有享受保护的权利。

文化权利非常重要，它体现了人的社交需要、获得尊重的需要以及自我实现的需要三种需求，是三种需要的综合性体现。公民通过文化权利的行使，可以在社会中找到文化归属并融入文化群体，满足自己的社交需要。而且在行使文化权利的过程中，公民获得社会的尊重，达成自我的实现。当前，我国正致力于构建国家文化治理体系，其目的就是为了保护和实现公民的基本文化权利。

由政府提供的公共文化服务是实现公民文化权利的重要手段，但是公民文化权利除了共性的需求之外，还有更多的方面由于地域、文化、民族和经济差异的影响，在不同地区不同的人们之间存在着个性化差别化的体现，因此要充分地实现公民文化权利，满足个人文化消费，就必须要照顾到这些差异。政府机构运作的基本原则是标准化和普遍化，对公民一视同仁，对差异化个性化需求的满足并不是其自身长处。政府需要大力培育文化市场，促进文化产业的发展，以市场机制和手段来满足民众这一层次的文化需求。由于市场经济本身存在"市场失灵"的问题，所以政府在文化市场的培育和发展过程中还负有重要使命，在文化市场监管和文化产业促进方面具有特定的功能定位。

（二）政府在文化市场中的功能定位

在文化治理体系中，政府、市场和社会相互独立、相互配合共同构成文化治理体系。上一节基于政府和市场、社会体制的不同特点已经对其在整个文化治理体系中所担负的任务做了区分，并将政府的功能和地位主要定位于公共文化服务的提供上。但是政府在文化治理中的作用并不仅仅局限于此，其对市场和社会机制的构建和运行也发挥着十分重要的作用。

文化市场是整个市场经济体系的一部分，因此要理清政府在文化市场中的地位和作用需要回到政府与市场之间的关系上去。市场经济已经深入到社会生活的各个领域，并已经成为社会中最为重要的资源配置方式。在市场经济中，主要和直接发挥作用的是各色各样的企业和公司，它们通过创造性的经营活动既为自己创造利润，也繁荣了整个社会经济体系，使人类逐利性的个人品质不仅不会危及整体社会的生存，反而成为增进社会公益和社会财富最有效的方式。在最经典的自由主义市场经济理论中，市场经济是一个"自生自发"的运行体系，市场中的主体依据价值规律调节自身的市场活动，以获取最大的利润，政府在其中的作用是十分微小的，"管得越少越是最好的政府"是这种自由主义市场经济体系最经典的口号。在自由主义市场经济的理论中，并不是说政府对市场应该不管不顾，任由其自由发展，由于人性的自私和逐利性，在追求创造市场价值的活动中必然会产生很多侵犯和危及他人合法利益的行为，进而威胁到整个市场经济体系的正常运行，这时就需要政府发挥监管、裁判和惩罚的职能，为市场经济的正常运行发挥保驾护航作用。无论是在近代早期市场经济扩张时期，还是在市场经济已经成熟的现代社会中，构建和维护公正、有效的市场机制都是政府在市场经济中最为基本的职能。在市场经济日益复杂化的今天，政府的这一职能显得愈发重要。

20 世纪上半叶，由于当时在全球范围内可开发的市场逐渐饱和，人类历史上第一次爆发了全球性的大规模经济危机，自由主义市场经济的理论受到严峻挑战，从而为政府大规模进入市场经济的运行打开了入口。根据政府对市场经济运行介入的程度不同主要可分为两种模式：一种是计划经济模式，以苏联为代表。当然，我们首先需要澄清的是社会主义模式产生并不是出于应对这次经济危机，而是出于对更早时期资本主义对工人剥削的反叛，但是这并不影响我们在理论上将社会主义模式视为一种对自由主义市场经济的替代模式。在这种经济模式中，国家全面介入经济体系的运行，整个经济体制的生产和分配由国家进行统一的计划和调配，根本就没有市场经济的存在空间。另一种是福利国家的模式，以美国、英国为代表。这种模式主要产生于应对世界性经济危机的需要，在"二战"后才逐渐走向成熟，并成为现代国家中政府的一项重要职能。

在这种经济模式中，并没有完全取消市场经济，但是为了解决自由市场中恶性竞争、产能过剩、失业严重、工人保障差等一系列问题，政府开始以公共工程福利保障等方式介入市场经济的运行，在一定程度上缓解了自由市场造成的破坏。但这种缓解也不是无代价的，政府的公共工程和福利保障是以大规模的税收为前提的，税收的过度增长必然会抑制市场经济创造主体的盈利动力，从而使经济体系失去活力。这也就是 20 世纪八九十年代英美"新自由主义"理论兴起的社会背景和要解决的主要问题，他们秉承古典自由主义市场经济的理论，认为政府不应该有过多经济职能和福利保障职能，过多的税收会损害市场经济健康发展，因此政府应该逐渐从国有经济中退出来，并通过减免税收等方式刺激市场经济的活力。

从最初的自由主义市场经济到计划经济和福利国家，再到新自由主义的理论和实践，国家在市场中地位和作用一直处于不断地调适当中，至于政府在市场经济中作用的边界到底在何处，也不仅仅是一个理论问题，还是一个实践问题，而且，这个实践是和每个国家的具体情况密切相关的。

（三）努力培育文化市场

我国在新中国成立之后学习苏联，逐渐在全国范围内建立起了完整的计划经济体系，在民国时期成长起来的市场经济体系全部被"赎买"为国家计划经济体系的一部分。但是随着革命理论和实践的继续突进，计划经济体系也没有能够"按计划"正常运行，从而导致了 70 年代末国民经济的全面衰败。改革开放后，我国开始探索市场经济的建设，90 年代后提出了建设社会主义市场经济体制的改革目标，我国开始了从计划经济向市场经济的改革步伐。虽然经过多年的改革和发展，我国已经初步建成了市场经济的运行体系，并成为世界第二大经济体，但是在我国的市场经济体系中依然留有很多计划经济体系遗留下来的烙印，政府在市场运行中的强大作用就是其中之一。

我国的市场经济体制改革是在政府主导下展开的，改革的进程就是逐渐打破国有经济对市场的垄断，为市场经济的自发成长创造有利的空间，并通过竞争激发市场的活力。因此培育市场就成为政府在市场经济改革过程中一项重要责任，这一责任在市场经济自发成长的国家是没有必要的，在某种程度上还会被认为是政府的越位，但是在我们这种政府力量极端强大、社会力量十分弱小的国家，没有政府力量的主导和介入，市场经济是无法有效成长起来的。但这也并不是说政府的力量可以随意深入市场经济的各个领域，毫无限制地行使自己的权力，政府在这里最为重要的就是"培育"的职责，培育市场经济体系独立运行机制和能力。培育完成之后，政府就应该从具体的经济和管理运行中退出来，发挥其应该发挥的监管和调控职能。政府在培育市场中的职责和义务主要包括以下三个方面内容：一是打破国有经济对市场的垄断，通过放开市场为其他类型的市场主体从事经济活动提供空间，通过竞争提升经济效益；二是构建完善的法制体系，为市场经济体系公平、公正、平等地竞争提供法治保障；三是对原有公有制经济体系进行改革，把那些国有、集体所有的经济主体改造为能够适应市场经济运行的经济主体。这三个方面并无先后顺序，是政府在培育市场过程中都要面对和解决的问题。

具体到文化市场领域，政府在文化市场培育过程中也发挥着十分重要的作用。在从计划经济时期继承而来的文化管理体制下，我国的政府不仅承担着文化管理职能，还通过一些文化事业单位和国有文化企业直接承担着文化生产的职能，在治理过程中，长时间地存在政事不分、政企不分，为文化治理体系的高效运转和文化的繁荣带来了很多问题。因此如何在培育文化市场的过程中实现政府与市场之间合理分离和定位是我国在文化体制改革过程中要解决的一个重要问题。

培育文化市场主体中的改革内容主要包括以下四个方面：一是经营性文化事业单位的转制。由于体制遗留的影响，存在着大量的由政府直接兴办和管理的经营性文化事业，如一般艺术院团，大量的出版单位及文化、艺术、生活、科普类报刊社，新华书店、电影制片厂、影剧院、电视剧制作单位和文化经营中介机构，党政部门、人民团体、行业组织所属事业编制的影视制作和销售单位，新闻媒体中的广告、印刷、复制、发行、传输网络部分及影视剧等节目制作与销售部门。在改革过程中必须规范国有文化事业单位的转制，加强对文化事业单位剥离企业的监管，合理确定产权归属，明确出资人权利，建立资产经营责任制。二是加快国有文化企业公司制改造。以创新体制、转换机制、面向市场、壮大实力为重点，按照现代企业制度的要求，加快改造，完善法人治理结构。推进产权制度改革，实行投资主体多元化，使国有和国有控股的文化企业真正成为自主经营、自我约束、自我发展的市场主体。三是培育文化产业战略投资者。推动国有文化资本向市场前景好、综合实力强、社会效益高的领域集中，充分发挥国有文化资本的控制力、影响力和带动力。运用市场机制，以资本为纽带，重点培育和发展一批实力雄厚的国有或国有控股大型文化企业和企业集团，使之成为文化市场的主导力量和文化产业的战略投资者。四是鼓励非公有资本进入文化产业。政府应创造良好的政策环境和平等竞争机会，加强和改进服务，鼓励支持非公有资本进入政策许可的文化产业领域，支持非公有制文化企业的发展。

培育文化市场主体的改革路径和目标是"完成一般国有文艺院团、非时政类报刊社、新闻网站转企改制，拓展出版、发行、影视企业改革成果，加快公司制股份制改造，完善法人治理结构，形成符合现代企业制度要求、体现文化企业特点的资产组织形式和经营管理模式。推动国有文化企业积极参与市场竞争、自觉承担社会责任。把改革、改组、改造与创新管理结合起来，把深化改革与调整结构、整合资源结合起来，把建立现代企业制度与推进政企分开、转变政府职能结合起来，在政府引导下发挥市场机制的积极作用，充分发挥国有文化资本的控制力、影响力和带动力"。

第三节 提高文化服务业开放水平

文化产业辐射，具体地说是指文化产业发展水平相对较高的地区与相对较低的地区间进行资本、技术、人才、市场等流动，以及文化观念、思维方式、生活习惯等方面的传播。20世纪50年代中期法国经济学家弗朗索瓦·佩雷曾经从纯粹产业的角度提出了著名的"经济增长极"理论，该理论强调规模大、创新能力强、增长快、居支配地位的主导产业部门会成为经济增长极，通过极化和扩散效应带动其他产业发展。后来，法国经济学家布代维尔、美国经济学家弗里德曼、瑞典经济学家缪尔达尔等对佩雷的观点作了进一步的丰富和发展，并得出结论，即经济增长不会同时出现在所有地方，相反，它将首先出现在某些具有优势条件的地区。这种非均衡发展理论虽然有其固有的缺陷和负效应，但是，对于我们研究文化产业辐射的方式和路径却是有借鉴意义的。

一般来说，文化产业总是首先从实力雄厚的企业或地域，向发展程度较为落后的企业或地域辐射。在我国，东部、东南部、大中城市等地区文化资本相对集中，文化产业较为发达，而中西部、边远山区、农村等地域文化资源相对集中，但文化资本相对不足，文化产业比较落后。根据增长极理论，东部、南部等沿海城市及大中城市由于经济基础雄厚，技术、人才、资金相对充分，容易形成自然的辐射中心，我们应该利用好这种优势，扩大其辐射效应。同时，根据文化及文化产业自身发展规律，我们还应寻求一些新的增长点，例如，依托于具有民族和地方特色的传统文化发源中心，像戏剧、曲艺、音乐、舞蹈、绘画、雕塑、杂技、木偶、皮影、剪纸、传统工艺美术制作技艺、传统习俗等发祥地；或依托于独特的自然地理风情风貌，如桂林山水、蒙古草原、青藏高原、阿里荒漠、林芝原始森林、三峡风光、晋西大峡谷、黄果树瀑布等，形成多头发展和崛起态势，以增加其扩散和极化效应。

在文化产业辐射初期，由于文化产业增长极的边际效率高于周边地区，因此，资本、技术、人才等文化生产要素可能会由周边地区流动到极点，从而极化效应大于扩散效应。这种积累优势将直接导致文化产业经济发展的"马太效应"。但是这一过程不可能持久，因为文化产业增长到一定程度后，其边际效应会逐渐下降，与其相邻的周边地区资本边际效率反而会逐渐提高，于是文化生产要素又将回流，此时文化产业的扩散效应大于极化效应。因此，从长远来看，文化产业辐射不仅有利于辐射源优势的扩大，而且有利于周边地区文化产业的迅速发展。

需要特别指出的是，我们强调文化产业辐射主要是从高能量向低能量辐射，但并不是说这种辐射的方向是单一的。事实上，文化产业发展水平不同的地域间存在着双向的辐射，而不是单向的辐射。其根本原因在于，文化具有渗透性和融合性，不仅表现为强势文化向弱势文化的融合，而且表现为弱势文化对强势文化的渗透。文化产业也是如此，一方面发展程度较高的文化产业会影响发展程度相对较低的文化产业的发展，表现在先进区域的资本、技术、人才、信息等生产要素会向落后区域流动和传播；另一方面，发展程度较低的区域文化产业对发展程度相对较高的区域文化产业也具有促进作用，表现在文化产业发展中的文化资源、劳动力等要素会从文化产业落后地域向文化产业先进地域辐射。在这种双向辐射过程中，发展程度不同的区域双方可以合理分工，实现优势互补，从而在总体上促进文化产业的区域平衡和纵深发展。

当前我国文化产业经济蓬勃发展，在文化发展结构及格局等方面发生了前所未有的变化，总体上形成了空间组织结构与布局的非均衡发展态势。随着我国文化市场分割局面的打破以及全国一体化文化市场体系的逐步建立，将有效减少文化产业辐射过程中的交易成本，为进一步推动文化产业集约发展、扩大文化对外辐射创造良好条件。

文化产业辐射，绝不仅仅是一个经济问题，也不单是文化问题，它对于推进国家治理体系和治理能力现代化，提升中华文化的吸引力、凝聚力、影响力和感召力，促进中华文化"走出去"，提升国家文化软实力和话语权，维护国家意识形态和文化安全等，都具有重要的理论和现实意义。正是在此意义上，我们认为，文化产业辐射是国家文化治理能力现代化的重要路径，而国家文化治理是国家治理体系中"更基础、更广泛、更深厚"的治理形式。

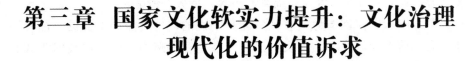

第三章 国家文化软实力提升：文化治理现代化的价值诉求

随着科技革命的飞速发展和知识经济时代的到来，文化知识、价值观念等在综合国力中的作用和地位日益突出，人们对文化和科技在社会经济和生活中作用的认识不断深化。以文化实力为主体的软实力直接或间接地影响着一个国家和民族经济实力和军事实力的发挥程度。文化产业在改变传统产业结构的同时，深刻影响了众多国家的产业变革与经济发展，文化软实力建设的社会效应日益凸显。

第一节 文化软实力概述

一、文化软实力

作为软实力构成要素的"文化软实力"，作为一个政治学概念而得到社会性确立，是始于党的十七大报告。十七大报告提出"提高国家文化软实力"的战略主张后，这个概念就得到了广泛的社会传播。什么是文化软实力呢？要正确地理解"文化软实力"概念，有必要先看什么是"实力"。通俗地讲，实力就是实际的力量。是实际的什么力量呢？是实际的创造生存的力量。简单地讲，实力就是创造生存的力量，简称为生存创造力。

客观地看，实力必须建立在一种关系框架基础上。这种关系框架是由己与他构成。实力就是在己与他所构成的关系框架中，展现自己对他者或他者对自己的实际作用力。实力是这样一种在他者面前展示自己的存在，从而既改变他者，也改变自己存在状况的力量。从自己出发来看，它就是创造生存的力量，因为作为自己，拥有这种实力，就可改变自己的存在状况；从他者角度来看，它就是征服力。因为作为他者，因为这种实力，而使自己的存在状况获得了改变。由于改变他者的力量最终来源于改变自己的力量，所以，在一般意义上，实力被统称为生存创造力。

当我们初步理解了"实力"及其内涵，再来看"软实力"概念，它重在这个"软"字："软"是相对"硬"而论的。硬，代表刚性，代表强暴、强制、强力，也代表易脆、易折、短暂；与此相反，软，则代表柔性，代表魅力、吸纳、亲和，也代表绵柔、包容、持久、恒常。

实力作为生存创造力，它既可能是刚性的，也可能是柔性的。前者即硬实力，后者即软实力。硬实力是指刚性生存创造力，它是以技术为武装的竞争力量。比如，军事实力和经济实力，都属于硬实力。它们都以技术为武装。软实力则是指柔性生存创造力，它并不需要专门的技术武装，而是以自身为表达形态的生存创造力。比如，意识形态，比如，文化，又比如，思想、方法，再比如，制度、政治价值观等，它们不需要借助于其他技术形态，而以本身的形态焕发出创造生存的力量来。以此来看文化软实力，实际上，是指文化本身所弘扬出来的那种创造生存的力量，简称为文化创造力。

"文化软实力"概念的具体内涵，主要有如下几个方面的内容：

其一，文化意味着一种力量，这种力量既可以成为一种柔性力量，也可以构成一种刚性力量。比如，当文化被技术所武装时，它就演变为一种刚性力量。比如语言，本来是一种柔性的力量，但它一旦被政治技术所武装时，它就构成一种无坚不摧的暴力力量，即语言的暴力。

其二，文化一旦成为一种柔性的力量，它就可以用来创造生存，包括自我凝聚其外来文化信息、智慧与方法，也包括对外的竞争力、协调力、融合力、扩张渗透力等。

其三，文化虽然可以成为一种柔性的力量，但是，并不意味着凡文化都是软实力，只有当那种拥有实际的生存创造力（即内在凝聚力和对外竞争力、协调力、融合力、扩张力）的文化，才可以构成文化软实力。没有生存创造力的文化，很难构成文化软实力。

由此可以看出，一个时代的文化建设，应该具有价值选择：文化建设并不是指建设文化，而是指建设具有柔性生存创造力的文化。

同时，一个时代的文化建设，始终要涉及文化的纵向承传与横向选择和吸纳问题，即如何承传，怎样选择和吸纳。这本身涉及一个价值标准和选择尺度，这个价值标准和选择尺度，就是生存创造力。只有自身蕴涵了强大生存创造力的传统文化内容，才是可以承传的文化内容。也只有本身蕴涵了强大生存创造力的外来文化内容，才是可以选择和吸纳的文化内容。只有当以生存创造力为标准去发展文化、创造文化时，文化建设才构成社会进步、民族前进、国家强大的重要途径。

二、文化软实力思想的基本内涵

自文化软实力这个概念被提出后，就有许多学者对其进行系统研究，并多角度地进行分析。约瑟夫·奈对于软实力的分析，是基于本国对他国实质性的影响，而建立的一种战略性的外交手段，目的就是构建霸权的合理性条件。而在当今全球化局势的背景下，文化软实力的角色定位，就要有特定的方向和目标，要根据本国国情去研究和探析，从提高我国综合国力，与促进世界和谐发展、互利共赢的目的，去挖掘它的内涵。

（一）文化软实力是国家在探索文化价值和发挥文化传播机制影响力方面的综合能力

综合国力是体现与评判一个国家治理能力的标准。它包括一国生存和发展所拥有的物质力量和精神力量、现实力量和潜在力量在内的全部实力。内含以经济力量、军事武装、物质资源、科技力量组成的硬实力，和以文化、政治、外交所组成的软实力。其中，文化力的部分构成了国家文化软实力，文化软实力体现了一国在发挥和运用文化各方面的综合能力，它从多个维度上展开对国家整体文化氛围的影响。

从传统文化承继方面来看，它体现了传承、诠释和开发本国历史文化遗产的能力，体现了文化资源累积的状态和深度。从当下的发展程度上看，它体现了国家在文化贸易、文化创新和文化推广方面的能力，体现了通过文化生产和运用文化价值而具备文化产品供应的范围和持续能力。从引导未来发展的维度上看，它体现了一国的文化对其他国家的影响力，通过优秀文化成果，来铸造在国际社会中的文化引导力。核心价值观作为国家文化发展的核心，在探索文化价值和发挥文化传播机制所带来的影响力过程中，扮演着重要的角色，作用于文化积累、文化培养、文化创新等多个能力环节，成为具有开放性和辐射性的国家能力体系。

（二）文化软实力是国家在调控和发展社会多元文化过程中的整体动员能力

本国现有的文化资源，是构成文化软实力的基础。但是，这并不等于文化软实力是这些现有资源的拼凑，它需要这个国家对这些资源有效地进行整合、组织和动员。而文化本身所蕴含的人文理想和价值，需要民众在民主和自由权利得到充分实现的条件下，才能繁荣和发展。因此，通过高度集权和垄断的方式，来发展自己文化软实力的国家，其结果只能是适得其反。尤其是在 21 世纪全球化浪潮的时代，网络技术和信息技术的迅速发展，经济全球化、社会全球化，以及政治全球化的广泛推进，一部分发展中国家，新兴经济体成为全球文化软实力开发的中坚力量，伴随着的也有非政府机构，包括企业、社团、个人成为活跃的文化生产者和传播者。因此，政府应该对这些新力量给予包容的态度，充分调动社会的现有与潜在的文化生产力，与广大社会成员共同创造，共同分享由文化所带来的积极效应。

（三）文化软实力具有造成负面影响的可能性

文化软实力的概念，在大多数人的观念中，是趋向正面性的。既然包含了实力，又是一个具有非暴力方式作用的关于文化的软性力，这就会给人传递一种文明、进步的感觉。文化软实力固然拥有正面的含义，但是，对它所包含的负面效应，也应该给予揭示。

文化软实力的确存在着负面发展，威胁国家安全引起利益冲突的可能性。一国的社会制度、文化建设、法律体系和国家政策有着自身的特色。从这个意义上来说，不同的特点造就了差异性的文化体系，一个国家甚至一种国际势力，都代表了一种文化体系，文化体系的相互作用导致了国际关系的种种变化。文化软实力作用于国际关系，主要有两方面：一是推进文明促融合，二是激化矛盾引冲突。文化软实力对于国际关系的正负效应，正是在这种冲突与融合过程中表现出来的。因此，文化软实力的建设，应以推进国际关系的和谐发展为主流，使其成为推动人类文明进步的融合剂和调节器。

（四）中国文化软实力的特色内涵

对于一种概念的诠释和看法，很多时候并不是唯一的，若是将它置于特定语境和特殊环境中，它的内涵就会发生变化甚至更为丰富。

首先，核心价值体系的吸引力。在我国，作为主流意识形态指导理论的马克思主义，以其科学性和革命性、时代性和创新性，客观地分析了中国革命面临的诸多问题，带领中国人民创造了一个又一个奇迹。

其次，社会参与共享的动员力。和谐文化不是单一的概念，它需要共同参与、多样包容、广泛创造、社会共享、平等竞争。多样化是它的核心价值之一，民主化是它的活力之源，制度化建设是它的基本保障。在此基础上，对思想政治工作进行完善，在人文关怀和心理疏导方面探索新的方式，以适

应新形势下的人际关系处理。

再次，传统物质与精神文化的影响力。中国当代文化软实力的建设，以传承中华文化的悠久文明为己任，以实现仁人志士振兴中华的伟大理想为核心，使得中国人的文化自信心和自豪感空前提高。但是，许多海外人士对中国文化的认同和好感，仍然停留在传统文化的领域，而对中国当代的文化建设成果仍然难以接受。"弘扬中华文化，建设中华民族共有的精神家园"，这句话的意蕴在于，中华文化传统如何与当代社会相适应、与现代文明相协调，既保持民族性又体现时代性的问题。在这一层面上，加强文化的号召力和凝聚力，就尤为重要。

最后，文化发展机制的创新力。创新是一个国家文化软实力的核心要素和基本资源，创新力是展现文化亲和力的最高级密码。强化中国文化的创造活力、内容魅力、竞争实力，全面提升中国文化软实力，创新力的战略实施是重要对策。具体内涵体现在"推进文化创新，增强文化发展活力"。依托信息化，构建立体文化传播网络；突出包容性，改善国家的话语系统；重视民间性，开发公众文化外交。特色的文化软实力需要特色的建构。这些环节是中国文化软实力建设与提升的重要策略。

三、文化软实力要素构成

阿尔温·托夫勒在《第三次浪潮》中指出："今天世界上正尽快地发展着另外一种看法：进步再也不能以技术和生活的物质标准来衡量了。如果在道德、美学、政治、环境等方面日趋堕落的，则不能认为是一个进步的社会，不论它多么富有和具有高超的技术。一句话，我们正在走向更加全面理解进步的时代。进步再也不是自动化的成就，也不会单以物质标准来衡量了。"

比如，一个国家或一个民族，在其特定的历史时期处于一种停滞的或倒退的生存状态之中，它往往是由一种特定的文化所支配的，这种特定的文化，也是这个特定时期中的人（大而言之，社会）所创造的，它是一种文化，但是，它并不就是一种文明，或者说，它并不标志为文明。比如，法西斯主义、军国主义统治的时期，其实，都创造了一种文化，但是，却都在毁灭文明。文明只能是文化的进步状态。区分这一点异常重要，因为，文化软实力虽然来源于文化，由文化所生成，但是，并不等丁凡是有文化，就会有软实力。只有当文化处于进步的文明状态时，它才拥有软实力。换句话讲，文化软实力，就是创造文明的力量，因而，发展文化软实力，就是研究、开发和建设文化的进步力量，研究、开发和建设创造文明的力量。

（一）文化软实力静态构成

文化软实力始终是文化的进步状态展现出来的生存创造力量。以此来看，文化软实力的构成，也具有自身的结构性。

首先，处于文化软实力构成结构最表层的，是人类以其自身之力（体力、智力、心力）而创造的劳动成果所彰显出来的文明张力。这种物化成果所彰显出来的文明张力，具体展开为两个方面：一是物质产品张力，二是精神产品张力。

物化成果的文明张力，是指物化成果本身所彰显出来的文明价值取向和创新自我的力量，而这种文明价值取向和创新（物化成果）自我的力量，最终实现了人、民族、国家的创造性生存。因为，一切物化成果的生存创造力，都是人在创造它的过程中赋予它的，所以，它一旦获得了人所赋予它的这种生存创造力量，就必然要在其存在中彰显这种创新张力。

物质产品都是人创造的。但是，并不是所有由人创造出来的物质产品，都具有自我创新的张力。比如，火药和罗盘，都是中国人所创造的。但是，中国人却更多地运用火药生产鞭炮，虽然鞭炮之类的东西，能够给人带来喜庆、热闹、排场等快乐感觉，但其创新张力却几乎等于零；同样，罗盘在中国人的生活中的最大用途是看风水和阴宅，当然也谈不上有多少创新张力。但是，西方人却比我们聪明，当火药和罗盘传到他们那里，他们用火药来制造枪炮，进行资源掠夺和空间扩张；用罗盘技术来制造指南针进行航海，开辟新大陆。这样，枪炮和指南针的创新张力，就比鞭炮和罗盘大得多。

同样，也并不是所有的精神产品都有生存创造力。比如，文学艺术中的淫秽作品，不仅不能给人以创造生存的激励力量，反而还消解和泯灭人的生存创造力。究其原因，在于淫秽的作品本身就没有创新张力。

物质产品的创新张力，主要体现在它的吸引力、认同感、喜爱程度和空间拓展强度上；而精神产品的创新张力，则主要体现在它的感召力、渗透性、启迪强度和多元传播广度上。

在文化软实力构成中，其物化成果的文明张力的直接支撑力，则是其制度创新张力。一种文化的制度，有无创造生存的张力，有多大强度和广度的创新张力，主要是看制度的三个维度（社会主要制度、社会基本结构、社会安排方式）体现什么样的价值取向，并且以什么精神支撑自身。一般地讲，以自然宇宙的最高法则——自由为社会主要制度的构成原理，以普遍平等为社会基本结构的生成原则，以全面公正为社会安排方式的运作标准的制度，是最具有创新张力的制度；如果以专制为其社会主要制度的构成原理，以集权为其社会基本结构的生成原则，以权力本身为社会安排的运作尺度，那么，这种制度不仅缺乏激励和促进社会文明进步的创新张力，而且还构成对社会文明进步的最大阻碍力量。任何一种制度，都以一种具体的文化为土壤，并以一种文化精神为内在支撑。因而，一种制度的创新张力，是扎根于一种文化之中，并以这种文化为支点。

从文化软实力的要素构成角度看，精神敞开的创新张力，主要由情感、认知、价值三个因素构成。因而，情感张力、认知张力、价值张力，此三者的整合构成了生存创造力。

从根本上讲，在文化软实力构成中，其物化成果和制度运作所体现出来的创新张力，都取决于其张力强度，直言之，精神敞开自身的创新张力程度，决定了其物化成果和制度运行的创新张力强度。文化的最终土壤是生生不息、流动变化的。文化无意识，这是文化创新之源。文化无意识作为一种根底意义上的生存创造力量，它是以激情的方式而展开和表达自身。它展开和表达自身的载体，则是具有明确情感、认知和价值表达方向的习惯、民俗，以及融生命本能与文化本能于一体的本能冲动。由蕴涵特定价值方向的习惯、民俗和本能冲动三者所构成的文化无意识激情，具有多大强度的自创新张力，取决于两个因素的激励：一是这种文化对人与自然的基本看待；二是对人与权的基本看待。以前者论，有两种看待方式，一种看待方式认为，人才是一切，因而确立"人为自然立法"的基本姿态；一种看待方式认为，自然宇宙、生命世界，才是人的存在本原，因而确立"自然为人立法，人为自然护法"的基本姿态。这两种看待人与自然的基本姿态，所形成的文化价值取向根本不同，比较而论，前一种看待所灌注给文化无意识激情的创新张力，远远没有后者强大。人类的大机器工业范式和现代化追求，就是选择的前一种姿态。因而，大机器工业范式和现代化追求给今天的生存带来了越来越无法预料的困境与危机。

制约文化无意识激情之创新张力强度的第二个因素，是对人与权的看待。这里的权包括权利和权力。所以，对人与权的看待，实质上是对权利与权力的看待，即权利和权力来源于哪里？它们最终应该归属于哪里？对这两个问题，也有两种回答，并由此形成两种看待人与权的特定姿态。一种认为，权利和权力都来源于共同体成员，或者说，都来源于共同体公民，因而，权利和权力最终都要以公民为依归，其具体表述是：公民必须平等享有权利，权利必须构成对权力的界限，即权力的终止即是权利。另一种认为，权利和权力都来源于公民之外的力量——或者宗教意义上的上帝，或者历史主义的阶级、革命者。因而，权利和权力最终只能归属于这种外在力量。其具体表述

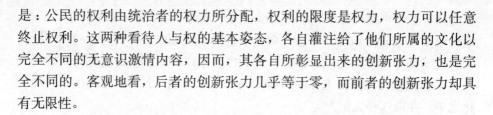

是：公民的权利由统治者的权力所分配，权利的限度是权力，权力可以任意终止权利。这两种看待人与权的基本姿态，各自灌注给了他们所属的文化以完全不同的无意识激情内容，因而，其各自所彰显出来的创新张力，也是完全不同的。客观地看，后者的创新张力几乎等于零，而前者的创新张力却具有无限性。

（二）文化软实力动态构成

文化软实力的动态张力，必然蕴涵在其静态结构中；但是，文化软实力的动态张力，却始终呈现不稳定、变化、革新的倾向，这同样由文化的本性所决定。文化的最高本性是生成，这就决定了文化软实力必然有其动态构成，也决定了文化软实力的动态生成因素，始终处于变动不安的、生生不息的变化之中。然而，文化的生成本性，最终是由人和由人组织起来的民族、国家的存在处境所激励的。人始终是未完成、待完成，并本能地追求完成的一种自觉的生命者，人的这种生命冲动，就是我们通常所讲的自我实现，人始终处在追求自我实现的过程之中，从未停止，人一旦停止了这种自我实现追求，他的生命也就结束了。所不同的是，不同起点、不同处境、不同信念的人，其自我实现的人生追求内容有所不同而已。农民把年年丰收作为自我实现的内容或者说，形式、体现，乞丐以每天能遇上好心人作为自我实现的内容，政治家以国富民安作为自我实现的内容，科学家以构建新理论作为自我实现的内容，而国家则追求富强，民族则追求辉煌，如此等等，使文化始终处于不变中的变化、变革状态。

在文化软实力的构成要素中，哪些因素才是富于变化的动态因素呢？概言之，在文化构成中，最富于变化的因素应该是民俗、艺术、哲学。此三者在文化构成中，获得了动态变化的创新张力。

首先看民俗。民俗具有一种无法言说的文化魅力，更是一种无法言说的生命魅力。民俗的魅力表征为一种生存习惯，一种文化习惯，一种行动习惯，一套完整的礼仪系统。民俗的魅力，源于文化生命的本能冲动，当然，这种文化生命的本能冲动中，凝聚了个体、民族的历史内容。由此可以看出，民俗的魅力所在，恰恰是文化生命的无意识激情本身。从静态看，民俗是稳定的、不变的、延续的。因为它已经被固化为一种生命习惯、文化习惯和行动习惯，固化为一套完整的为人处事的礼仪系统。但是，民俗虽然融进了个体与民族历史的全部内容，却仍然要面对当下，面对实际的存在状况、生存处境和所有的问题、危机、困境、矛盾，而求化解。这一过程，是民俗的自我解构过程。即一方面，它要消解那些不适合甚至阻碍当前存在和生存的因素；

另一方面，它又要创造新的内容来丰富自身。因而，只要人是有自我实现的要求和希望的，只要民族、国家还处于具体的处境之中，只要时光还在流逝，生命还在新陈代谢，民俗就始终处于生成创造之中。

民俗是指向大众的，或者说，民俗是通过大众的身体力行，而得到保持、承传和革新的，所以，民俗的生成性所彰显出来的文化软实力张力，也是指向大众和大众生活的。要重新塑造人性，全面开发人的身心，使人人都能道德的生活，最重要的并且最普遍的方式，是移风易俗。

民俗与生活密不可分，并构成生活的文化指南。但民俗所蕴含的那种动态生成的创新张力，却需要两个方面的滋养：一是艺术；一是哲学。因而，移风易俗的动力，不是来自政治指令、权力要求、政治运动。虽然这些方式也有效，但是，却是强迫的、被动的，一旦其强迫机制削弱或消解，其动力就不复存在，民俗又将回复到原状，并完全丧失创新张力。

艺术的灵魂是创造，是永远不满足于现实而检讨现实的想象性方式。虽然，这种想象性方式通常是借用形象、具体、联想和情感的方式来展开，但它却是诉诸人心的，是普遍能够理解的一般思想，一般观念，一般认知。何也？因为一切真正的艺术，始终是围绕人、人性、人心、人情而展开对生活与现实的形象检讨的。

艺术的存在理想和最终价值，是检讨生活和现实。艺术服务于时势政治在一定程度上也需要，但绝不是艺术的最高责任，也不是艺术的主要功能。从本质上讲，艺术一旦为时势政治服务，一旦成为服务于政治的工具时，必将沦为异化，产生质变，丧失其自身的崇尚魅力与伟大责任。艺术不是歌功颂德；艺术始终是人性的光辉。它的伟大职责，是通过对生活和现实的形象检讨，来给人的生活注入新的思想、新的情感、新的理解、新的想望、新的感悟，从而实现移风易俗，即给民俗注入创新的活力。

如果说，艺术是以情感的方式来激励民俗，来打开生活的想象空间，来增进个人、民族、国家的创新活力，那么，哲学就是以理性的方式来引导民俗，来开辟理性生存的世界道路，来提升个人、民族、国家的理性创造力量。

哲学是一个民族、国家的文化软实力增强、提升的最终思想源泉、最终智慧源泉、最终方法论源泉。一个国家的文化软实力建设，到底有无成效，到底有多大成效，一个重要而根本的指标，就是看这个国家的哲学繁荣不繁荣，就是看这个国家有无自己的哲学，有无自己的时代哲学。因为，哲学，永远是时代的产物：哲学总是对时代生存困境的不懈追问，并求根本解决之道的最高学问、最大智慧、最好方法。

如果一个时代，没有体现解决这个时代困境的哲学，那么，这个国家不可能有真正意义上的文化软实力的发展。并且，哲学不仅是时代的产物，哲学也是民族的抽象呈现，因而，一个国家如果没有体现其时代精神发展方向的本土哲学，没有创造出这样的本土哲学，那么，这个国家要发展文化软实力，就没有根基，没有方向，没有持守自我的灵魂归属。因为如张士捷先生所言，哲学是一个民族、国家的文化传统的源泉、核心和灵魂，是要受到本民族独特的心理堡垒的保护的生存创造力量。如果一个国家没有这样弘扬时代精神的本土哲学，其文化软实力的研究、开发和建设，也就丧失了与本民族文化传统相贯通的通道，丧失了接受本民族的独特心理堡垒保护的一切可能性，并由此丧失了由本民族文化传统所赋予的内在灵魂，因而，这样的文化，是没有精神核心的文化；这样的文化软实力建设，是没有思想、智慧、方法源泉的建设。从这个角度看，一种文化软实力如果完全丧失了它本身应该具有的东西，它要想获得内在的增强与提高，几乎是不可能的事。所以，研究、开发和建设文化软实力，发展时代化的本土哲学，是根本；而立足于时代处境，全面繁荣艺术，则是重要途径。

（三）文化软实力内在精神构成

一般而言，一种健康的、充满多元开放创新活力的文化，必定有其完整的精神内容。对任何一种健康的、充满多元开放创新活力的文化来讲，其精神的基本构成要素必然具备如下八种：即神话（或艺术）精神、自然精神、宗教精神、科学精神、人文关怀精神、伦理精神、政治精神、哲学精神。这八种精神，构成了精神文化。

从根本上讲，精神文化的构成，决定了制度文化和物质文化的构成；精神文化所体现出来的精神向度，生成出制度文化和物质文化的精神向度。因而，精神文化是人类文化的方向标。

在健全健康的精神文化所展示的八个维度中，最核心的问题，是人与自身命运的关系，对这种关系的精神探究方式，就是神话和艺术；为求解这一根本问题，人类不得不探求自己的来源问题，这就形成了人类对自己来龙去脉的关注。这种关注所展开的精神探索方式，就是宗教；当人类要关注自己的来源，自然要把自然宇宙和生命世界牵连进来，因为，人来源于自然，并最终构成自然之一分子。因而，探求自己的来龙去脉，要得到最终的解决与答案，不得不追问自然宇宙和生命世界是如何得来的，因而，对自然宇宙和生命世界之来龙去脉的关注和追问，也就成为一种必需。这种关注和追问所展开的精神探索方式，就是科学。人类如同所有的物种生命一样，永远都在为自己而活，并且永远在为自己如何活下去而四处探求，所以，人最关心的是自己。由此，认知自己，成为人类精神文化探索与建构的核心问题。人对自己的认知与看待，这种精神探索的展开方式，就是人文关怀。人探求自己，认知自己，必然要把自己置于政治和伦理的双重关系之中来考察，因为，人生而是群体的动物，求群、适群、合群，构成人的文化本性。由于人生而处于群体之中，则必然产生政治和伦理这两种群体规范。所以，人必须面对它，对自己的生存和生活予以人伦审视。人类对自己予以人伦关系的看待，所产生的人伦化的精神探索方式，就是政治学和伦理学。

当我们对精神文化的构成要素予以简要的描述之后，再来看人类对精神文化的每一个维度展开的精神探索所生成的具体而独特的精神领域，及相对应的精神形态：概言之，人对人与自身命运关系的探索，所产生的神话和艺术，蕴涵了艺术精神；人人对自然宇宙和生命世界的来龙去脉的探索，生成了各种各样的科学，其所蕴涵的则是科学精神；人对自身的关注与看待，则产生了人文精神；而人对人伦关系的审视所生成出来的伦理学和政治学，则蕴涵了政治精神和伦理精神。

在人类的精神文化构成中，一个最重要的维度，是哲学。哲学，立足于时代的困境，并予以整体的追问，所以，哲学涵盖了如上的所有方面，并生成出一种整体精神，即哲学精神。换句话讲，自然精神、艺术精神、人文精神、科学精神、政治精神、伦理精神，都将为哲学精神所统摄，并构成如上六种具体的精神文化的时代性母体。

1. 自然精神

在文化软实力的精神构成要素中，首先应该确立的是自然精神。因为，自然精神是文化软实力的根底精神，其理由是：第一，自然是人的存在母体，没有自然，人不成其为人；第二，人本身就是自然的一分子，是一种自然生命存在者；第三，人所创造的全部文化和文明，包括物质和精神两个方面的内容，都源于自然的赐予，并且遵循自然的法则。这就是说，人作为对象性的存在，通过与外在的"他者"（包含自然在内的对象存在物）的互动，不仅"人化"了自然、彰显自身的价值，同时也从自然中获取了自身生存的根据。因此，对于人来说，现实的、感性的存在物，是对象性的存在物，而人（我）则构成了这种存在物的它物或它的对象。坦率地讲，这就是人文互创、人文协同进化的过程。事实上，我们人类所发明和创造的一切东西，哪一样不是对自然法则和生命法则的模仿与运用！什么样的自然精神才构成文化软实力的根底精神？回答是：以"自然为人立法，人为自然护法"的自然精神。

"自然为人立法，人为自然护法"，这是一种新的、全生态的自然观，这种自然观要求，人类行为必须符合自然法则，必须回归自然本性。人作为自然的一分子，其自然的本性亦即人的本性，因而，自然为人立法，人为自然护法的自然观，要求人类自己的行为必须符合人的本性，敬畏自然，敬畏生命。敬畏的首要条件就是尊重、关爱，因而，尊重、关爱自然，尊重、关爱生命，构成最基本的自然精神内涵。敬畏，尊重，关爱自然，生命的目的，是追求人与自然，人与生命世界，人与地球生物圈，人与大地的生态协调、和谐、共生、互生。自然精神，可以说，是平等的生命精神、生态和谐的地球精神、大地精神和人与天协调的共生与互生精神。

由于自然是一个活泼的有机体、生命体，所以才万物有灵。自然是一个充满野性狂暴的创造力和理性约束的秩序力的创化体，它所遵循的是这种野性狂暴的创造力和理性约束的秩序力之间的对立统一张力。这种动态的对立统一张力规律一旦被人为地打破，整个世界就会失去动态平衡，人类的生存就会遭遇灾难。恩格斯早就指出："文明是一个对抗的过程，这个过程以其至今为止的形式使土地贫瘠，使森林荒芜，使土壤不能产生其最初的产品，并使气候恶化。"大工业革命和现代化建设，单一片面地追求对自然的开发利用、征服、改造，已经完全打破了自然本身的动态协调的生态平衡，在新的发展中，必须确立起这种自然精神，并以此作为发展战略的最高法则，才能尽可能使自然生态修复自身，恢复其自身活力。因而，确立"自然为人立法，人为自然护法"的自然观，遵循平等的生命精神、生态和谐的地球精神、大地精神和人与天协调的共生与互生精神，这应该是当代国家制定文化软实力发展战略的首要考虑。

2. 艺术精神

对人类而言，走出自然，就是摆脱自然的约束，同时，也是摆脱生命的自然本性，按照人类自己的文化意愿而存在。而走进自然，则意味着回归和尊重生命的本性，回归和尊重自然的本性、规律，与自然宇宙、与生命世界、与大地和地球生物圈共生、互生；进而言之，走进自然，就是遵循自然的法则、生命的本性，而与自然、与万物生命共享自由存在。

走出自然的展开方式，是征服自然，改造自然；而走进自然的展开方式，在人类的原初文化时期，是神话，在而后的文化进化过程中，则是艺术。因而，神话和艺术，构成了人类在走出自然的进程中，又渴望走进自然，在摆脱生命本性的过程中，又希求回归生命本性的精神运动方式。

神话本质上是艺术的，神话就是艺术，是远古的原始艺术，是原始的整体的崇高艺术；艺术本质上又是神话的，艺术即神话，是现代的文明神话，是文明的残缺的世俗神话。

艺术努力回归生命的本性、自然的本性，实现生命的和谐。因而，真正的艺术，始终是生态的，始终是生命与物，人与自然，历史与未来共生，互生的。

艺术的灵魂是自由。没有自由，艺术则只有形式，或只能由抽象的观念来代替，最终是对生命的毒害与异化。所以，艺术的生命力，必须由自由来浇灌。其实，这可以从古今中外的伟大艺术作品中体悟到，也可以从那些昙花一现的作品中感受到，更可以从诺贝尔文学奖的获奖作品和不能获奖的作品中印证到。

艺术不只是艺术，它是创美的方式，它展开了、实现了人类的崇高理想。艺术之所以能实现这一点，就在于它遵循了人类存在的最高原理和生命存在的最高本性，并以创美的方式教化人、引导人、警示人：不要失去本性，所有的生活与行动都应该以生命本性为限度。

毛泽东曾在《沁园春·长沙》中吟咏道："独立寒秋，湘江北去，橘子洲头。看万山红遍，层林尽染；漫江碧透，百舸争流。鹰击长空，鱼翔浅底，万类霜天竞自由。"万类是指整个自然宇宙、生命世界的万物、所有存在者、一切生命。他们都在竞自由：自由是自然宇宙和生命世界的最高法则，是自然宇宙和生命世界里一切生命存在的最高本性。因而，它也是人类生存的最高原理，更是人的生命存在的最高本性。

在生命世界里，一切生命以对世界最高法则和生命最高本性的本能觉悟，而竞自由；在人类世界里，人类因其人质化觉醒而获得自我意识能力、自我策划能力和目的性行动能力。因而，人不仅能够超越本能的冲动，以其自我意识能力去反省和把握自由本性，而且还能按照自己的目的性策划去实施自由，即追求自由。

可以这样讲，人类文明开创史，最终不过是一部自由追求史。在这部追求自由和开创自由的历史中，政治的自由和艺术的自由，是其重要的两个扇面。政治的自由，是实践的自由、功利的自由；而艺术的自由，却是想象的自由、超功利的自由。只有这两种自由协调了，人才可能驻守其本性，人的生存和生活才是完整的。

艺术以回归自由原理、回复生命本性为动力。但是，艺术的腾飞还必须以想象和联想（包括记忆与回忆）为翅膀。所以，艺术精神即是生命的完整精神、自由精神和想象——联想精神，此三者缺一不可。艺术精神，为国家文化软实力的研究、开发和建设朝着生态文明的方向前进，提供了航标灯。

3. 人文精神

人文精神乃人的主要精神倾向和关于人应该怎样生活的基本思想态度。

它表现为自我关怀，是自我关怀精神。人的自我关怀，首先体现为对自己的看待，确立自己的独立、自主地位，建立起自尊、自信、自强、自助的生存意识和生活品质。

从这个角度讲，人文精神即人的自立、自尊、自信、自强、自助精神。但是，这仅是人文精神的奠基内容。人对自我的关怀，还体现在人如何成为一个群体中的人，因为人始终是群体的人，求群、适群、合群，构成人的社会文化本性。遵循这一社会文化本性，人必须学会在群中、在社会中正确看待自己、善待自己。所以，在群或社会的意义上，人必须学会自由、责任、冒险、忍耐。因为生活就是战斗，就是付出，就是以生命（即时间、体力、精力、智力、心力等）为代价而换取生存的资源与条件。所以，必须冒险，必须忍耐。在生活中追求冒险和承受忍耐，是为了生存的自由，而从群体或社会的角度看，自由的本质即是责任，追求自由就得担当责任。担当一份责任，就享有一份自由；担当责任的过程，就是冒险和忍耐的过程。所以，人文精神就是自由精神、责任精神、冒险精神和忍耐精神。

人是为自己而活的，同时，人因为自己而活，而必须指向自然界，并必须以服务他人为实现途径，所以，人的存在所涉及的不仅是社会，还有他人和自然。由此看来，人对自己的关怀，自然要强调重视人与自然的关系，强调人的自由意志和人对自然界的态度，突出人的价值，提倡关怀人、尊重人，以人为本的世界观、精神观、道德观。

由此观之，人文精神实际上就是追求人与他人、人与社会、人与自然、人与生命之间的生态和谐，这种生态和谐蕴涵了真、善、美的精神。其中，求真与真知，是人文精神的起点内容；求美与创美，是人文精神的重心内容；求善、行善与扬善，则是人文精神的目标指向。在人文精神结构中，"善"既处于表面层次，又处于最高层次。

4.科学精神

美国新一代科学哲学家约瑟夫·劳斯（Joseph rouse）在《知识与权力：走向科学的政治哲学》中指出，首先，科学不仅为我们的生活、世界制造出更新、更好的表象，它还以深刻的方式改造着世界和我们自身。其次，知识和权力的常识概念，不足以理解科学实践的这些层面。因此必须对它们加以修正。最后，以这样的方式重新构思知识和权力使得我们能够看到，科学之于文化和政治的不可或缺性，以及政治问题之于科学的核心地位，远远超出了大多数科学家和哲学家所认可的程度。

这是科学精神构成文化软实力内在精神要素的根本社会文化学理由。因为从本质上讲，科学即是人按照自己的意愿而对自然世界的重新安排：科学是人（类）安排自然世界的蓝图，并通过这种蓝图的人为安排，来表达人对自然世界和对自我的神圣愿望与期待。所以，人们对科学的这种信念和信仰，恰恰是人类对自然和对人类自身的神圣信念和信仰精神：第一，变化无穷的自然世界，是有规律的，自然界本质上，是有秩序的，自然世界的秩序使得人类生存的根基稳定、有序、安全、安宁、和谐；第二，自然是神奇的、伟大的，但更神奇和伟大的却是人，因为人发现并认识了自然之道。自然界的规律、本质、秩序是可以认识、可以把握的，只要人类愿意，变化无穷的自然世界，则完全被控制在人类的掌握之中。人才是万物的尺度，人当然也是神奇和伟大的自然世界的尺度。所以，从根本上讲，科学对自然世界的想象化描摹与设计，鼓动了弱小的人类自强自胜的盲目信念，提升着人类自存自在的神圣与骄傲。这就是科学改造人类的深刻方式：科学震撼人心，科学牵动人心，科学摄住人心，科学控制人心；并且，科学通过这种震撼、牵动、摄住和控制，而使它自身成为人类崇拜的对象。

科学永远是人类对自然界的神话，这个神话是通过科学家们用意愿性想象描摹出自然的表象——而不是自然的本质、规律、秩序、原理、法则——来为人服务的。科学不过是自然界以人为镜的反映。在某种意义上，我们始终是在研究人，因为我们只有通过人的大脑，才能理解自然；然而，我们同样可以说，我们一直是在研究自然，因为没有自然，我们无法理解人。无论我们是研究人的历史，还是研究自然的历史，我们研究的主要目的都是为了人。我们无法摆脱人，即使我们想这样的话。科学的和谐是由于自然的和谐，特殊地说，是由于人类思想的和谐。要得到真实的图像，不仅自然必须是真实的，而且，作为镜子的人也必须是真实的。科学必须以人为镜，因为科学探索的目的最终是为了人，为了人能够获得存在的自然秩序，自然有秩序，人才能在自然的平台上获得存在的秩序感。

由此，科学必须指向人、指向生命，生命的最高目标是造成一些非物质的东西，例如，真、善、美。对于我们的实际目的来说，并不需要知道这东西是否绝对地存在。我以为，无论是否有一个最高的顶点，无论这个顶点最终能否达到，我们都必须朝着这些理想奋勇前进。我不能为我的生命找到其他意义，也不能为我的行动找到其他动因。科学最神圣的目标，是理解世界的生命，是理解人的生命存在的意义和价值，为人的生命完整存在找到动因。基于这一崇高目标，科学探索必须合乎人道性、合乎伦理性。科学的合人道性和合伦理性，主要体现在它前赴后继地、从无止息地追求其广阔的无私精神。无私是最卓越的科学奋斗的基调，这种无私主要是由于一种参与——有意识的参与——宇宙的神秘活动的感觉，一个自己具有真正的知识之火的科学家总感到，虽然他只是总体的微不足道的一部分，但是，他的努力无论多么小，都可以对实现人类的目的有所贡献；更深刻地理解自然，更严格地适应它，这是一个更深刻的目的的实现。科学的无私体现在三个方面，一是对自然世界：科学探索自然，不应该是征服自然，而是更深刻地了解自然、认识自然、理解自然，从而促进人类达到与自然的和谐存在；二是对世界生命：科学探索的目的是深刻地了解生命、理解生命，严肃地思考生命，引导人类与世界生命达到生命的统一性和完整性，促进人类成为完整的存在者；三是对人类自身：科学的探索，同样是深刻地了解人类、更严肃地理解人类在整个自然世界中的地位、作用、功能，更深刻、更严肃地理解人本身，促进人类共同体避免战争，减少争斗，共同存在，和平生存。科学要达到此，必须求助于伦理学的推动。即应该有一种最低的，并且是各个领域、整个世界生命都必须遵守的伦理学成为科学的最高原则，这即是整体生态的伦理学。这个最高的伦理原则，具体展开为两条科学律令，即"宇宙世界中所有生命都能照此生存的方式生存"和"所有的人都能照此生活的方式生活"，前者是科学发展对自然宇宙和万物生命的伦理律令，后者是科学引导人类存在的伦理律令。

总而言之，科学精神即是自然秩序精神、理解生命的精神、无私精神、一往无前的创造精神和永无止境的探索精神。科学精神构成了人类文化中最强劲的创新张力。因而，科学精神亦构成文化软实力的主导精神内容：科学精神是人类冒险精神的最充分的展开方式和最实在的提升途径。

5. 政治精神

文化软实力内在精神构成的实践精神，即是政治精神。探讨政治精神，首先得了解什么是政治和政治的本原含义。

关于"政治"，其论说可谓汗牛充栋，而较能表达西方学界共识的，一是《布莱克维尔政治学百科全书》的定义：政治是"在共同体中并为共同体的利益而做出决策和将其付诸实施的活动，……可以被简要地定义为一群在观点或利益方面本来很不一致的人们做出集体决策的过程，这些决策一般被认为对这个群体具有约束力，并作为公共政策加以实施。"这个定义虽然能够赢得共识，但它只是操作层面的语义定格，"政治"最本质和隐秘的内容，却在这操作化的定义中消隐了。

历史思想家奥斯瓦尔德·斯宾格勒，曾以直观领悟方式道出了对政治的基本看法："政治就是一种可能性。"在斯宾格勒看来，政治之所以是一种可能性，是因为在本能的每一特征上，在最深的本质上，一切活生生的东西都是政治。因为，一切活生生的东西，都以维持自身存在的战斗方式而运动、而相向汇聚成整体存在川流不息的历史。故而，世上只有个人的历史，因而也只有个人的政治。政治必然以个人为本位，不过，只有当个人展开其生命存在而指向他者（他人、群体、环境、社会）时，政治才成为可能。就个体而言，生命非它，生命乃是以其自身之力而勇往直前、义无反顾的存在进程状态。个体生命的这种自我展开方式趋向与他者的共在共存、共生互生的融合，生成了人类存在川流不息的历史：当我们称人类存在川流不息是运动时，它就叫作历史；当我们称其是运动着的对象时，它们就叫作家族、等级、民族、部族以至国家，而政治就是这个涌动的存在借以维持自身成长、战胜其他生命之流的路径。

四、文化软实力的表征

（一）文化软实力的表现形式

1. 国家形象亲和力

国家形象亲和力是外部公众在相互接触、相互交流的基础上形成的对一国形象的总体判断和综合评价，是一个国家对外部公众产生的亲近感和吸引力，也是一个国家文化软实力的直接体现。提升国家形象亲和力不仅涉及国家行为，也涉及公民的个人行为。首先，良好的国民素质是国家形象亲和力的基础。国民素质是指国家内整个人口群体的发展程度，表现为整个人口群体在一定生产方式下所具有的认识世界和改造世界的条件和能力，是人的身体素质、心理素质和社会文化素质的总和。一个国家和民族的文明不仅在于其物质财富的丰富程度，更在于其道德水准的高低，所以，国家的文明程度总是与国民素质的文明程度密切关联。现代社会中一个国家的民众素质通常会作为考量社会进步的重要砝码，是国际竞争力的重要元素和国家经济和社会发展的基础。由国民素质所展现出来的言行举止、精神风貌常被看作国家文明水平的体现。因此，提高全民的文明素质，不仅是提升国家文化软实力的当务之急，也是社会主义先进文化建设的核心目标。其次，国家形象的亲和力源于外部公众对国家形象的正确认识。随着各个国家在全球化进程中的相互依赖程度不断加深，和平的国际环境是国内建设的重要保障和有力支持。然而在意识形态领域，"中国威胁论""中国崩溃论"的声音不绝于耳，妖魔化中国的言论和行为不断误导世界人民对中国的正确认知。因此，这就需要通过对外文化交流和对外宣传工作，推介中华文化蕴涵的优秀价值理念，表达中国人民致力于建设一个和谐世界的美好心愿，营造一个和平发展的国际氛围。

2. 民族文化辐射力

民族文化是一个民族在其历史发展过程中创造和发展起来的具有本民族特点的文化，具有较强的文化积淀性和历史穿透力，历经长时期的积淀才可形成。民族文化是一个民族赖以生存发展的文化根基和身份标识，通常寓于民族共同体的公共习俗和集群性格之中。从文化软实力的内涵可以看出，文化软实力具有内外两种向度，一个国家文化软实力的增强必定是植根于本民族的优秀文化传统之中，在内聚和外溢两种向度上进行。随着全球化程度的不断加快，向世界展现自己民族的优秀文化成果，传达其先进的文化理念，是一国文化软实力持续增强的表现。尽管由民族文化生发出的文化软实力不像经济、军事等硬实力发挥作用力时达到立竿见影的效果，但相比而言，却具有较为持久和深刻的影响力。中华民族在长期的历史发展沿革中积累了丰富的文明与智慧，提升民族文化的辐射力需要在传承中创新，在创新中传承。既要传承其精华，保持其民族性，更要在创新中使之与现代文明相协调，体现出时代性。通过发掘中华民族文化的精华，利用对外文化交流等多种形式，积极参与到世界文明的建构中，解决人类共同面对的挑战和问题。同时，对于世界优秀文明成果应当勇于吸收、科学利用，使之相互补充、相得益彰，共同构筑现代人类文明的价值基础，推动世界各国的共同繁荣。

3. 文化产业竞争力

文化要体现出软实力，需借助一系列有效的载体和形式，文化产业是文化软实力的重要载体。一般而言，社会文化可分为文化事业和文化产业两部分，文化事业主要是建设社会公益性文化，能够丰富和提高人们的思想觉悟、道德素养和才智能力，调整价值取向，优化社会风气，矫正行为规范，其特征是公益性、非营利性和公共服务性。文化产业是指从事文化产品生产和提供文化服务的经营性行业，需要以市场化运作的方式壮大规模生产，赚取利润。文化产业在承担着经济功能的同时，还彰显着自身文明和社会模式的合理性和先进性，传承着一个国家的价值观念和审美标准，是认识一个国家社会状况和发展程度的窗口，是生动地传播文化诉求和政治诉求的有效载体。目前，随着网络化和信息化的不断发展，移动多媒体、数字电影、网络视频、动漫游戏、广播电视等新兴文化类型不断出现，文化产业的种类日益丰富，涵盖的领域不断扩大，新兴文化产业正在成为世界经济贸易中新的增长点，成为转变经济发展方式和推动经济结构调整的重要力量，成为增进人们文化认同的重要载体。一国的文化产业越是成熟强大，越是能够推动国家文化软实力的提升。因此，对文化产业的开发和市场争夺已成为当今世界软实力竞争的重要内容和主要场域，文化产业的竞争力在增强国家文化软实力实践中地位日益凸显。

4. 先进文化凝聚力

先进文化是人类文明进步的结晶，能够揭示人类社会发展规律，为人类社会文明的进步提供强有力的思想保证、精神动力和智力支持，建设文化软实力就是坚持用先进文化引领方向，凝聚共识，不断提升民族向心力、感召力。在当代中国，先进文化就是指面向现代化、面向世界、面向未来的，民族的科学的大众的社会主义文化。先进文化的凝聚功能主要体现为：善于集纳人类文明的优秀成果，在多元文化相互激荡、竞争发展的世界格局中能够通过文化吸收、融合、选择、扬弃、创造等环节实现文化发展的吐故纳新、推陈出新，不断弘扬优秀传统文化，抵御腐朽落后文化，生成推动当代社会发展和文明进步需要的文化力量，是国家和民族独立的坚固基础；以满足广大人民群众不断增长的精神生活需求为诉求，反映人民群众的理想愿望和审美要求，具有与广大人民群众利益紧密联系的特征，能够激励人们团结一致，克服困难，形成共同的理想和信念，是凝聚和鼓励各族人民的重要力量。先进文化是一个不断总结实践经验、不断创新发展和丰富提升的历史过程，不但能够促进全民族思想道德素质和科学文化素质的不断提高，而且能够充分调动人民群众的主观能动性，极大地解放社会生产力，促进物质文明、政治文明、精神文明协调发展，提升综合国力和国际竞争力。

（二）文化软实力的基本特征

1. 非强制性和隐蔽性

文化软实力借助于无形的精神力量，通过国际交往、交流等文化实践发挥作用，以间接的方式达到预期目标。文化软实力的非强制性、隐蔽性是其最显著的特性，也是区别于硬实力的根本所在。冷战结束和全球化的加快，国家间形成了相互依存、相互制约的关系，世界利益格局发生了新的变化，硬实力的过度使用往往会使国家付出巨大成本，这无疑为文化软实力通过文化和意识形态的吸引等柔性方式来维护国家利益和安全提供了极大的作用空间。文化软实力以精神因素为主，其核心是蕴含价值理念的精神力量，它不像军事进攻和经济制裁那样张扬和外显，而是在长期的、柔性的潜移默化中维护和增进国家的利益与安全。同时，文化软实力作用的发挥离不开硬实力的支持。因此，在全球化时代，只有根据实际情况把软实力和硬实力两者结合起来，才能更好地把拥有的文化资源转化为影响力。

2. 传统性和现代性

文化软实力既是对于现代文化的创新，也是对于传统文化的继承，一国的公民素质、意识形态、流行文化以及对外影响力等通常都是在历史的实践中逐步形成的。同时，文化软实力又要受到国际国内环境的综合影响，既承接着历史，又植根于现实。我国传统文化拥有丰富的宝贵资源，也存在消极落后的历史元素，这就要求我们立足于广大人民群众的根本价值诉求，按照社会全面进步的标准，对传统文化和现代文化进行全面认知和积极扬弃。挖掘与整合传统文化和现代文化应避免走两种极端：一是夸大传统文化的现代适用性，忽略传统文化与现代文化之间的差异，特别是忽略其形成的不同制度基础和时代背景；二是完全排斥传统文化，夸大现代文化与传统文化之间的差异，忽略文化的历史传承，对传统文化中具有恒久价值的因素视而不见，使得核心价值体系的构建失去历史根基。

3. 开放性和扩散性

在世界历史演进的过程中，文化民族性和文化世界性的关联越来越紧密，无论东方文化还是西方文化，无论传统文化还是现代文化都成为人类文化的重要组成部分。一国文化如果削弱了民族性，将会失去自己的个性和特色。文化软实力建设需要在保持文化民族性的基础上，吸收和借鉴人类文明的优秀成果，加强与世界文化的交流、对话和学习，努力塑造和充分展示国家和民族的良好文化形象。同时，文化和知识是流动和共享的，文化之间存在着相互作用、相互影响的关系，没有任何一种文化是封闭存在和与世隔绝的。文化软实力的增强必然会使其蕴涵的价值理念以各种渗透方式进行扩散，文化软实力的力量来自其扩散性，只有当一种文化广泛传播时，文化软实力才会产生越来越强大的力量。

4. 渗透性和持久性

文化软实力的渗透性主要表现在通过各种精神形态的文化成果，对于个人、社会和国家进行多角度、多方式、深层次的价值影响和引导，使之发生观念和认识的改变。文化软实力对于个人的渗透主要是通过改变人的价值观念、思维方式来改变人们对事物的认知，进而调节人的思想和行为来实现的。对社会的渗透方式主要是确立核心价值理念，统一思想基础，树立良好的社会风尚和崇高的理想信念。对国家的渗透方式主要是宣传自己的价值理念，增加国家的亲和力，维护本国的文化主权。文化软实力渗透性并不是自然而然地发生的，需要国家进行有意识的建构，从人类文明发展进程看，一种文化越是具备符合人类文明进程的要素，那么这种文化的渗透力就越强。文化软实力渗透性的输出方式和非强制性的输出手段决定了其输出效果的持久性。

一旦作为文化软实力核心的价值理念被广泛认同，就会产生持久的影响力。对内通常表现为一国文化传统的世代延续，对国家产生极强的凝聚作用。对外通常表现为一国文化对其他国家产生强烈的吸引力。比如，从当今日本文化和东南亚国家文化中仍能分辨出中国传统文化对其影响的痕迹。

第二节 硬实力概念辨析

硬实力是一种现实的可支配性、可彰显的显性实力，它是国家经济社会发展现状的真实体现，包括基础资源实力、经济实力、科技实力和军事实力等；较之于软实力而言，硬实力是看得见、摸得着的，或者说，硬实力就是国家真实实力的表征，一般是指基本资源（如土地面积、人口、自然资源）、经济力量和科技力量等方面的现实实力。如果说，软实力，尤其是文化软实力，是国家潜在的文化底蕴和涵养的话，需要通过不断地激发，并将其转化为现实的硬实力，那么硬实力则表现得更为直接，它就是国家真实国力的呈现。

一、基本资源实力

（一）国土和国土资源

1.国土

国土是指一个国家主权管辖的地域空间，也就是指全国人民赖以生产和生活活动的场所，包括领土、领海、领空和对近海专属经济区、大陆架等具有开发其资源权利的区域。

国土对于一个国家来说是极其重要的，它既是人民生活的场所，进行各项经济建设和文化活动的基地，也是发展生产所需要的各种原料和能源的源地。国土的面貌也不是一成不变的。自从有了人类以来，人们在自己的土地上不断地利用自然资源，改造自然环境，创造越来越多的物质财富和精神财富，因而国土也是人类与自然之间关系发展变化的综合体现，从这个意义上说，国土既是一个政治、行政的概念，又是一个经济、技术和自然的概念。

我国地域辽阔，领土面积为 960 万平方公里，仅次于俄罗斯（1707.54 万平方公里）和加拿大（997.6139 万平方公里），位居世界第三位。领海面积，据我国政府 1958 年 9 月 4 日宣布的领海宽度以 12 海里计算为 35 万余平方公里；领空则包括领土和领海范围的上空。至于领空的高度，目前国际上尚无明确的规定。

2. 国土资源

国土资源是指存在于国土领域内的所有资源，这是广义的概念，它包括自然资源和社会经济资源。狭义的国土资源主要指一国领土范围内的自然资源。国土资源学侧重于自然资源的研究。

（1）国土资源开发

国土资源开发是指用垦殖、开采、工程建设等手段，使那些尚未被很好利用的国土资源在国民经济建设中发挥其应有的作用；或者采用新的技术手段，使资源利用程度大为提高，为已经利用的资源开辟新的用途。国土资源开发包括土地开发、矿产开发、流域开发、海洋开发、区域开发等。

（2）国土资源利用

国土资源利用是指对已开发的国土资源，更加充分发挥其潜力，发挥其经济作用、社会作用，使其地尽其力，物尽其用，特别强调国土资源的综合利用，对各种国土资源多途径的使用及其深加工等。国土资源的可持续利用是可持续发展战略的资源利用方式，其核心思想是在不损及后代人满足其需求的自然物质基础的前提下，来满足当代人的需要。

（3）国土资源保护

国土资源保护是指采取立法、行政、经济、科学技术等手段，保护国土资源，保护环境，维护良好的生态平衡。对于那些可更新的资源，如生物资源、水资源等，保护其更新能力，以达到持续利用的目的。对于不可更新的资源，如矿产资源等，在保证国民经济发展需要的前提下，提高其使用价值，延长其利用时间，保持生态平衡，实质上是从动态方面保护自然资源，保护环境，即通过对资源的合理的开发利用，达到生态系统的动态平衡。

（4）国土资源管理

国土资源管理是为实现国土资源可持续利用的战略目标而实施的对国土资源开发、利用、治理、保护等各个环节的组织、协调、立法、监督、奖惩等活动的总称。其管理手段主要有行政管理、经济管理、法制管理和信息化管理。特别是立足于我国陆地和海域与国土资源有关资料的信息化和网络化的"数字国土"，将体现21世纪国土资源信息化管理的新水平。

3. 国土资源的基本特点

国土资源尽管类型多样，各有特点，但也具有明显的共同点，了解这些，对于合理开发和保护自然资源具有重要意义。

（1）整体性

自然资源在自然界中是作为系统存在的，各种资源相互依存、相互制约，构成完整的资源生态系统。利用或改变一种资源或资源生态系统中的某种成分，会在一定程度上影响周围环境甚至整个资源生态系统。正是由于资源作为一种整体而存在，决定了在研究中采取系统理论与系统分析方法的必要性，决定了国土资源学研究的综合性。

（2）稀缺性

物质、空间和运动是无限的，但在一定的时空范围内，就人类与资源的关系而言，又是有限的。虽然地球上蕴藏着极为丰富的资源，但它终究是一个有限的量。随着人口的不断增加和生活水平的提高，资源的稀缺性就愈加明显。资源的稀缺性还表现在资源分布的不均匀性，造成地区性资源短缺。资源的不合理利用是加剧资源短缺的重要因素，因此，实现资源的可持续利用是缓解资源短缺的唯一出路。

（3）层次性

自然资源包括的范围很广，它可以从一种植物的化学成分到物种，从种群、群落到生态系统直到整个生物圈。从矿物的物化结构到矿石，从金属、非金属到全部固体矿产资源，反映矿产资源的系统层次性。从空间范围看，诸如流域、湖盆、山地、平原等可以是一个局部的地段，也可以是一个地区、一个国家，甚至全球，自然资源的分布具有明显的地域差异，这反映资源的空间层次性。从资源形成和演化的时间尺度看，可以是年、月、日、时、分、秒，也可以是百年、千年、万年、百万年的地质时期，这反映了资源的时间层次性。资源的层次性反映资源系统的结构与功能受地域分异规律、自然节律、自然演替与地质循环的制约。因此，对国土资源的研究要有时空尺度和等级水平的概念。

（4）地域性

自然资源的形成与演化，受制于生成它的环境条件——地质、地理和人类活动，因此，资源分布的不均匀性和地域特点十分明显。不同类型的自然资源的地域分布规律有很大差别，同一种资源的分布也有很强的地域性。如矿产资源在我国各地的分布很不均匀，有的矿种的分布十分集中，如煤炭主要在华北和东北，而磷矿则主要集中在西南和中南地区，占全国总量的3/4。农产品中的主要粮食作物水稻主要产于南方，小麦主要产于北方。常说的"南稻北麦、北煤南磷"，就是这种地域性分布特点的概括。针对这种特点，国土资源研究必须坚持因地制宜的原则。资源地理、单项或综合资源区划就成为资源研究的重要内容。

（5）国际性

一般来说，自然资源的开发、保护和管理属于各国自己的主权，应由各国自行解决。但由于有些自然资源是国际共享的（如公海中的自然资源），只有通过国际行动才能达到合理利用和保护的目的。其次，一个国家和地区对自然资源开发利用所造成的后果往往超出一个国家的国界范围而影响世界其他地区。第三，当代自然资源的开发利用已逐渐打破闭关锁国的状态，国际间自然资源开发的合作、贸易和技术交流日益广泛。一个国家的资源政策和贸易价格往往会产生世界性的连锁反应。因此，研究自然资源的开发利用，必须放眼世界，及时准确地捕捉世界资源开发及产品供需信息和走势，才能作出科学合理的决策。

（二）自然资源

1. 自然资源的概念

"资源"的概念源于经济学科，是作为生产实践的自然条件和物质基础提出来的，具有实体性。作为人类生存与发展的基础，自然资源是一切可供人类利用的自然物质和自然能量的总体。由于人口的不断增长和生产规模的日益扩大，从而引起物质和能量的加速消耗，一系列与资源、环境和生态有关的社会问题便不断出现。这就迫使许多学科将自然资源作为重要的研究对象。由于学科特点和研究目的的不同，各个学科研究自然资源的侧重点和方向也不同，使自然资源所规定的科学定义及其内涵也各不相同。

地理学者认为，自然资源是自然环境中可以被人类所利用，并能给人类带来利益的地理要素以及这些要素相互作用的产物。萨乌式金认为，自然资源是自然环境的各个要素，这些要素可以用作动力生产、食物和工业原料。W. 伊萨德认为，自然资源是人类用来满足自然需求和改善自身的净福利的自然条件和原料。《英国大百科全书》将自然资源定义为："对人类可以利用的自然生成物及生成这些成分的源泉的环境的功能，前者如土地、水、大气、岩石、矿物、生物及其群集的森林、草场、矿产、陆地、海洋等，后者如太阳能、地球物理的环境机能（气象、海洋现象、水文地理现象）、生态学的环境机能（植物的光合作用、生物的食物链、微生物的腐蚀分解作用等）、地球化学的循环机能（地热现象、化石燃料、非金属矿物生成作用等）。"该定义从本质上反映了地理学家对于自然资源的认识。1972 年联合国环境规划署（UNEP）指出："所谓自然资源，是指在一定的时间条件下，能够产生经济价值以提高人类当前和未来福利的自然环境因素的总和。"我国的《辞海》中把自然资源定义为："天然存在的并有利用价值自然物。"马克思主义认为创造社会财富的源泉是自然资源与劳动力资源。恩格斯在《自然辩证法》一书中也明确地指出："劳动和自然界一起才是财富的源泉。自然界为劳动提供材料，劳动把材料变成财富。"

著名生态学家、国际自然保护联合委员会（IUCN）委员 F. 雷玛德认为：

"资源可以简单地规定为一种能量或物质的形式，它们对于有机体或种群的生态系统，在功能上具有本质的意义。特别是对于人来说，资源是对于完成生理上的、社会经济上的以及文化上的需要所必备的能量或物质的任何一种形式。"显而易见，生态学家对于自然资源的认识特别侧重于它的生态功能。

不同学科对于自然资源的概念的文字表达互有区别，但究其实质它们又有共同的脉络。概括起来可以发现，它们都包含三个共同的方面：第一，自然资源不是脱离生产应用而对客观物质的抽象研究的对象，而是在不同的时空组合范围内有可能为人类提供福利的物质和能量；第二，自然资源的范畴不是一成不变的，随着社会的进步和科学技术的发展，人类对自然资源的理解不断加深，资源开发和保护的范围不断扩大；第三，自然环境是指人类周围所有的外界客观存在物，自然资源则是从人类的需用角度来理解这些因素存在的价值，因此，自然资源和自然环境密不可分，但二者的概念又互有差异。

2. 自然资源的类型

由于自然资源的广泛性和多宜性以及人们对于自然资源理解的深度和广度的差异，学术界到目前为止还没有一个统一的分类系统。按照不同的目的和要求，自然资源有许多不同的分类方法和分类系统

（1）按照自然资源的赋存条件及特征进行分类

这种分类方法将自然资源分为两大类：

①地下资源。这类资源赋存于地壳中，也可称之为地壳资源，主要包括矿物原料和矿物质能源等矿产资源。

矿产资源是经过地质成矿作用，使埋藏于地下或出露于地表的矿物或有用元素的含量达到具有工业利用价值的集合体，是社会经济发展的重要物质基础。目前世界上已知的矿产有1600多种，其中80多种应用较广泛，按其特点和用途，矿产资源通常分为金属矿产、非金属矿产和能源矿产三大类。矿产资源的品种、分布、储量决定着采矿工业可能发展的部门、地区及规模；其质量、开采条件及地理位置直接影响矿产资源的利用价值及采矿工业的建设投资、劳动生产率、生产成本及工艺技术等，并对以矿产资源为原料的初级加工工业（如钢铁、有色金属、基本化工和建材等）乃至整个重工业的发展和布局有着重要的影响。矿产资源的地域组合特点影响区域经济的发展方向与工业结构特点。随着地质勘探、采矿和加工技术的进步，人类对矿产资源利用的广度和深度不断扩大。

②地表资源。这类资源赋存于生物圈中，也可称之为生物圈资源，主要包括由地貌、土壤和植被等因素构成的土地资源，由地表水、地下水构成的水资源，由各种植物和动物构成的生物资源，以及由光、热、水等因素构成

的气候资源等。

土地资源是在目前的社会经济技术条件下可以被人类利用的土地，是由地形、气候、土壤、植被、岩石和水文等因素组成的自然综合体，也是人类过去和现在生产劳动的产物。因此，土地资源既具有自然属性，也具有社会属性。土地资源具有以下特质：①位置的固定性；②区位的差异性；③总量的有限性；④利用的可持续性；⑤经济供给的稀缺性；⑥利用方向变更的困难性。

《英国大百科全书》把水资源定义为："全部自然界任何形态的水，包括气态水、液态水和固态水。"1977 年联合国教科文组织（UNESCO）建议水资源应指可资利用或有可能被利用的水源，这个水源应具有足够的数量和可用的质量，并能在某一地点为满足某种用途而可被利用。在《中国大百科全书·水利卷》中，水资源则被定义为"自然界各种形态（气态、固态或液态）的天然水"，并将可供人类利用的水资源作为供评价的水资源。

地球上的水资源，从广义来说是指水圈内水量的总体。但通常所说的水资源主要是指陆地上的淡水资源，如河流水、淡水湖泊水、地下水和冰等。陆地上的淡水资源只占地球上水体总量的 2.53% 左右，其中近 70% 是固体冰川，分布在两极地区和中、低纬度地区的高山冰川，很难加以利用。目前人类比较容易利用的淡水资源，主要是河流水、淡水湖泊水以及浅层地下水，储量约占全球淡水总储量的 0.3%，只占全球总储水量的十万分之七。据研究，从水循环的观点来看，全世界真正有效利用的淡水资源每年约有 9000km³。水资源的区域分布不均，各地的降水量和径流量差异很大。全球约有 1/3 的陆地少雨干旱，而一些地区在多雨季节易发生洪涝灾害。例如在中国，长江流域及其以南地区，水资源占全国的 82% 以上，耕地占 36%，水多地少；长江以北地区，耕地占 64%，水资源不足 18%，其中粮食增产潜力最大的黄淮海流域的耕地占全国的 41.8%，而水资源不到 5.7%。

生物资源是指生物圈中对人类具有一定价值的动物、植物、微生物以及它们所组成的生物群落，包括动植物资源和微生物资源。从研究和利用角度，生物资源通常分为森林资源、草场资源、栽培作物资源、水产资源、驯化动物资源、野生动植物资源、遗传基因（种质）资源等。生物资源属于可更新自然资源，在天然或人工维护下可不断更新、繁衍和增殖；反之，在环境条件恶化或人为破坏及不合理利用下，则会退化、解体、耗竭和衰亡，具有过程不可逆性的特点。生物资源具有相对稳定性和变动性。相对稳定的生物资源系统能较长时间保持能量流动和物质循环，并对来自内外部的干扰具有反馈机制。但当干扰超过其所能忍受的极限时，资源系统即会崩溃。不同的资源系统的稳定性不同。通常，资源系统的组成种类和结构越复杂，抗干扰能力越强，稳定性也越大；反之亦然。生物资源的分布有很强的地域性，不同地区生物资源的组成种类和结构特点不同。生物资源是农业生产的主要经营对象，并可为工业、医药、交通等部门提供原材料和能源。

气候资源是指有利于人类经济活动的气候条件，是自然资源的一部分，包括太阳辐射、热量、水分、空气、风能等。在各种自然资源中，气候资源最容易发生变化，且变化最为剧烈，具有非常明显的时空分布差异性。

（2）按照自然资源的地理特性进行分类

根据自然资源的形成条件、组合状况、分布规律及与地理环境各圈层的关系等地理特性，常把自然资源划分为矿产资源（岩石圈）、土地资源（地球表层）、水资源（水圈）、生物资源（生物圈）和气候资源（大气圈）五大类。

随着海洋地位的日益突出，海洋资源已开始作为第六类资源进入资源科学的研究领域，且作用日趋重大。海洋资源是指形成和存在于海水或海洋中的有关资源，包括海水中生存的生物，溶解于海水中的化学元素，海水波浪、潮汐及海流所产生的能量、贮存的热量，滨海、大陆架及深海海底所蕴藏的矿产资源，以及海水所形成的压力差、浓度差等。广义的海洋资源还包括海洋提供给人们生产、生活和娱乐的一切空间和设施。按资源性质或功能，海洋资源可以划分为海洋生物资源和水域资源。世界水产品中的 85% 左右产于海洋。以鱼类为主体，占世界海洋水产品总量的 80% 以上，还有丰富的藻类资源。海水中含有丰富的海水化学资源，已发现的海水化学物质有 80 多种。其中，11 种元素（氯、钠、镁、钾、硫、钙、溴、碳、锶、硼和氟）占海水中溶解物质总量的 9.8% 以上，可提取的化学物质达 50 多种。由于海水运动产生的海洋动力资源，主要有潮汐能、波浪能、海流能及海水因温差和盐差而引起的温差能与盐差能等。估计全球海水温差能的可利用功率达 $100 \times 10^8 kW$，潮汐能、波浪能、河流能及海水盐差能等可再生功率在 $10 \times 10^8 kW$ 左右。

（3）按照自然资源的用途及利用方式进行分类

按照用途及利用方式的不同，自然资源可分为生活资料自然资源和生产劳动资料自然资源两大类。前者主要包括植物界中的天然食物（根、茎、叶、果等）、森林和草原中的各种动植物，以及河流、湖泊、海洋中的鱼类等各种水产品；后者主要包括可以直接用于生产的矿物燃料、原料和木材等。

（4）按照自然资源的性质进行分类

这种分类方法中以按照自然资源的再生性特征的分类方法最为通用。目前，自然资源的分类已逐渐由单一特征的分类走向多因素的综合分类，如我国学者李文华等根据自然资源的数量、变异性、再生性和重新使用性等方面的特征，建立了比较完整的自然资源分类系统。按照自然资源的持续利用性可将其分为耗竭性资源和非耗竭性资源两大类。耗竭性资源又可细分为再生性资源和非再生性资源两类。再生性资源主要是指由各种生物和非生物要素组成的生态系统，如土地资源、森林资源、水产资源等，在正确的管理和维护下，该类资源可以不断地被更新和利用；反之，则会遭到破坏乃至消耗殆尽。非再生性资源主要是指各种矿物和化石燃料。其中一些非消耗性的宝石矿物和贵重金属（如金、铂、银等）多能重复使用；而另一些资源如化石燃料（石油、天然气、煤炭等）、大多数非金属矿物和消耗性金属矿物等，则会由于被大量使用而消耗殆尽，它们属于不可重复使用的资源。非耗竭性资源又可细分为恒定性资源和易误用性资源两类，前者如风能、原子能、潮汐能、降水等，它们不会因人类活动而发生明显变异，故称之为恒定性资源；后者如大气、水能、广义景观等各种资源，当人们对它利用不当时会发生较大变异并污染环境，因此称之为易误用性资源。

自然资源的分类不仅对建立完整的自然资源学科体系具有重要的理论意义，而且对自然资源的利用和保护也具有重要的指导作用。

（三）人口资源

人口资源是指一个国家或地区的人口总体。把人口看成一种资源是说明人口同其他资源一样，是进行社会生产不可缺乏的基本条件。在社会经济发展中，人口资源同自然资源等一样需要合理的开发和利用。社会生产和实践表明，具有一定数量和质量的人口资源是构成一个国家综合国力的重要因素。人口资源同自然资源中的非生物资源相比，后者的数量和质量是自然形成的，一般说来也是固定不变的，而前者的数量和质量除了受生理、自然环境等自然因素影响之外，还要受社会经济、政治、科技、文化、教育、民族、心理等因素的影响，其中社会经济因素的影响具有决定的意义。

人口资源是其主体劳动力资源的自然基础，与一般意义的自然资源相同，也面临着合理和科学地开发利用的问题。不同的是，自然资源的数量与质量是天然形成的，且相对比较稳定，而人口资源的数量、质量、结构及动态特征不仅受生物与生态环境等自然因素的影响，还特别受人类社会所特有的政治、经济、文化等诸多因素的影响。

二、经济实力

国家经济实力是创造增加值和国民财富以及支持它的投资、储蓄、最终需求、产业运营、生活成本和潜在发展的经济运行能力。

（一）经济增长的主要因素

1. 进出口贸易

是指与外国当事人通过缔结契约进行买卖商品，包括劳务、技术等的一系列具体业务。它体现了国家间的商品买卖以及商品买卖有关的劳务进出口、国家间货币结算与支付等方面的业务和法律的关系。具体内容包括：进出口商品的买卖和贸易方式；进出口商品的运输和保管业务；进出口商品的检验工作；进出口商品的海关监管业务；进出口商品的货运保险业务；进出口商品结算货款和提供资金的国际结算与银行信用业务，解决进出口业务纠纷的仲裁工作和司法审理；进出口业务的经营与管理，等等。

各项业务的程序，因产品项目、发盘条件（交易条件）、付款条件、国家（地区）的不同而有所不同，但一般可分为交易洽商、合同履行和交货三个阶段。在交易洽商阶段，首先由进口商开出需要条件，向出口商提出询查或经过中介商表达其购买意向，使有关"供应商"或"出口商"与其接洽，或由出口商直接向进口商提出洽销；然后是出口商向进口商发盘，经进口商还盘，并经双方函电往返同意"接受"，完成发盘，然后是成交，双方对买卖条件协议完妥，换文或签约，完成买卖手续。

2. 投资

指国家或企业以及个人，为了特定目的，与对方签订协议，促进社会发展，实现互惠互利，输送资金的过程。又是特定经济主体为了在未来可预见的时期内获得收益或是资金增值，在一定时期内向一定领域投放足够数额的资金或实物的货币等价物的经济行为。可分为实物投资、资本投资和证券投资等。前者是以货币投入企业，通过生产经营活动取得一定利润，后者是以货币购买企业发行的股票和公司债券，间接参与企业的利润分配。

投资是创新创业项目孵化的一种形式，是对项目产业化综合体进行资本助推发展的经济活动。

投资是货币收入或其他任何能以货币计量其价值的财富拥有者牺牲当前消费、购买或购置资本品以期在未来实现价值增值的牟利性、经营性活动。

3. 内需

即内部需求，包括投资需求和消费需求两个方面。扩大内需主要是通过扩大国内投资和国内消费来带动国民经济增长。

扩大内需，就是要通过发行国债等积极财政货币政策，启动投资市场，通过信贷等经济杠杆，启动消费市场，以拉动经济增长。扩大内需强调的是消费层面的范围，而拉动内需就是指的中央采取的政策和手段，前者主要是强调范围，后者主要强调程度。目前来看，我们国家的政策主要是针对刺激消费需求的，而消费需求的提高也会刺激投资需求。

（二）影响国家经济实力的因素

1. 制度

制度是一种涉及社会、政治和经济行为的行为规则。制度决定人们的经济与其他行为，也决定一国的经济增长。制度的建立与完善是经济实力增强的前提。

2. 资源

经济实力的增强是产量的增加，产量是用各种生产要素生产出来的。各种生产要素是资源，因此，增长的源泉是资源的增加。资源包括劳动与资本。劳动指劳动力的增加，劳动力的增加又可以分为劳动力数量的增加与劳动力质量的提高。资本的概念分为物质资本与人力资本。物质资本又称有形资本，是指设备、厂房、存货等的存量。人力资本又称无形资本，是指体现在劳动者身上的投资，如劳动者的文化技术水平，健康状况等。经济实力的增强中必然有资本的增加。

3. 技术

技术进步在经济实力的增强中的作用，体现在生产率的提高上，即同样的生产要素投入量能提供更多的产品。技术进步在经济实力的增强中起了最重要的作用。技术进步主要包括资源配置的改善，规模经济和知识的进展。

三、科技实力

科技实力是指科研机构、高等院校以及科研学术中心依靠自身所拥有的科研经费、科学技术及教育从业人员、在校大学生数和社区公共图书馆藏书总量等资源，从事科学技术研究活动，最终其科研活动对社区 GDP 的贡献度。从科技实力的含义中我们可以发现，科技实力的影响要素较多，其中，科技的参与主体、科技的基础资源和科技的环境是主要方面。

（一）科技主体

在科技实力的各项影响因素中，科技实力的提升首先取决于高端人才。人是生产力中最活跃的因素。高端科技人才始终是"宝贝"。科学技术从业人员是在一线科研工作岗位上搞科研；教育从业人员肩负着培养人才的使命；

在校大学生是潜在的科学技术人员。高端科技人才从事科学技术研究，取得的科研成果可以运用到生产实践中去，进而促进社会经济的发展。科研院所及高等学府拥有比较齐全的科学研究平台和获得科研前沿领域信息的渠道，科学技术研究的磁性很强，因而也是科研人才、科研设备荟萃的集聚区。科技实力的提升需要从科研实验设备、工作条件及福利待遇等方面积极完善本区域的科学技术平台，为本区域科技实力的提升创造优越的外在环境。

科学技术的发展离开国家的支持及优惠政策的鼓励难以实现可持续发展，政府和区域科技管理部门在科技实力的提升方面发挥着重要的作用。

（二）科技资源

科学技术发展的必备资源是高端人才。高端人才是科学技术的发明创造者和最先使用者，对科学技术的应用拥有最先发言权。培养潜在的科学技术人才，建设高质量的人才队伍，是科学技术不断向前发展的主导力量。

科技基础设施也是重要的一个方面，如科研院所、高等院校、科研实验室及公共图书馆等。科技基础设施的完善与否在促进科研成果产生、吸引科技人才等方面存在某种程度的关联性。

（三）科技环境

世界是普遍联系的。发展科学技术也不是一枝独秀，需要与社会发展一起进行。科技需要同地区经济发展配合，在配合中才可以显示出科技的力量，科学技术与经济发展存在着千丝万缕的联系。当然科技的发展进步也需要良好的生态环境。良好的生态环境可以促进科技的发展进步。

第四章 中国文化软实力的现实状况与理论构建

第一节 中国文化软实力的研究与发展状况

一个国家的文化不会自然而然地成为文化软实力，还需要对其开发和运用，还需要主动推进和加强建设，不是所有的文化都能形成软实力，落后腐朽的文化只会消弭人的斗志、侵蚀人的心灵，反而会削弱软实力，只有那些先进的、对内具有凝聚力及引领力、对外具有吸引力及影响力的文化才能真正成为文化软实力的内容。为此，要提升文化的对内凝聚力及引领力、对外的吸引力及影响力，从而把文化转变为国家的软实力。中国共产党自诞生后，在长期的革命、建设和改革过程中，不断探索和推进文化软实力的建设发展。

一、中国文化软实力建设和发展

（一）文化软实力建设探索

以毛泽东同志、邓小平同志、江泽民同志为核心的党的三代中央领导集体在文化建设领域不断探索和实践，形成了符合时代发展的文化建设理论。在推进文化建设的过程中，他们逐渐认识到文化对于国家综合实力、人民生活以及国际交往的重要作用，从而迈出了探索文化软实力建设的坚实步伐。

1.提升革命文化力量

毛泽东关于文化软实力建设是在系统探索推进新民主主义革命的实践过程中展开的，形成了新民主主义文化建设理论，实现了新民主主义革命的胜利。

（1）文化力量：一种新的革命力量

文化是中国革命的一种力量。把文化作为一种重要的力量提出来，作为新民主主义的一个重要目标，主要是因为建设的新国家和新社会，不但有新政治和新经济，还要有新文化。文化虽然受一定的政治、经济基础制约，但它对于政治和经济又具有巨大反作用。文化作为一种力量必须要参与推翻旧制度的过程中。当时的中国存在帝国主义文化（奴化思想的文化）和半封建的文化，它们是维护帝国主义在华利益和封建阶级统治的腐朽落后文化，而要推翻这些腐朽反动的文化则要靠新文化。

（2）新文化：提升革命文化力量的方向

为了彻底消除半封建、半殖民地的文化影响，要凝聚革命文化力量，要找到文化建设的方向，即建设新民主主义文化，也称之为新文化。这种新文化是无产阶级领导下的人民大众反帝反封建文化，它具备民族性、科学性和大众性的特点。所谓民族性，是指这种文化从本质内容上反对一切帝国主义侵略、剥削和压迫，反对奴化思想，实现民族的独立，维护人民尊严；形式上强调民族表达、民族风格和民族特点；所谓的科学化，是指这种文化反对封建迷信思想，提倡科学精神和科学态度，分清传统文化中的精华和糟粕；所谓的大众化，就是这种新文化主张为广大劳苦大众服务，逐渐成为他们的文化。

毛泽东认为文学家鲁迅身上具备中国新文化的特质，毛泽东把鲁迅看成是一位新文化的"斗士"，作为一种革命文化力量的代表，向旧世界、旧的统治阶级、旧文化发起挑战。鲁迅的身上具有斗争精神和牺牲精神，首先他具备"民族化"的特征，虽然他的思想深受俄国作家果戈理的影响，其小说《狂人日记》采用的是西方现实主义写法，但是具有自己的民族风格和特点；他具备"科学化"的特点，他是较早学习西方先进文化的学者，具有先进的文化理念；他又是"大众化"的，鲁迅虽不是共产党员，但他的行动，早已经是一个无产阶级先锋战士，他的名言"横眉冷对千夫指，俯首甘为孺子牛"，表现了鲜明的爱憎，表明了鲜明的阶级立场，他始终站在人民这一边。

（3）"两个战线"：提升革命文化力量新领域

提升革命文化力量要尽可能开辟拓展"两个战线"，处理好"两个战线"的关系，要培养一支以知识分子为主体的革命文化队伍。文化的军队不仅要在文化战线上和腐朽反动的帝国主义、半封建、半殖民地的文化直接较量，而且还要和拿枪的军队结合起来，在思想文化上武装革命的军队，使军队成为文化先进、战无不胜的军队。为了扩大统一战线，要奉行团结、批评、教育和改造的原则，文化工作者要具有为人民服务的热忱，积极联系群众。尽可能团结一切可以团结的力量，壮大革命统一战线。由于革命任务的不同，在不同时期团结的对象会有所不同，为此要辩证对待。在处理团结、批评、教育和改造的关系时，不能采取强制改造和强制教育，要遵循自觉自愿的原则，与此同时要做到"自我教育"和"自我改造"。

2. 建设精神文明

作为改革开放的总设计师，邓小平在看到我国物质生产力落后的同时，敏锐地意识到精神文化领域也存在一些问题。为此，一方面强调抓社会主要矛盾，大力发展生产力；另一方面，强调要以精神文明建设为抓手，繁荣发展社会主义文化。

（1）精神文明的提出

邓小平强调指出，社会主义要大力发展生产力，在物质生产上要超过西方资本主义国家。社会主义事业是全面发展的事业，在建设物质文明的同时，还要建设高度的精神文明。他认为，只有两个文明都搞好，才是有中国特色的社会主义。早在 1975 年恢复工作主持全面整顿时，邓小平就开始关注和重视文化建设的问题。在其 1977 年再次恢复工作后，邓小平主动申请主抓科技和教育工作，积极恢复知识分子名誉和地位，恢复科学研究和教育教学秩序，恢复全国高考，主持召开全国科学大会和教育工作会议，对外派遣留学生，清算极左文艺方针等。

经过全面整顿，国民经济走上了快速发展的轨道，但与此同时，一些地方出现了重经济建设、轻精神文明建设的"一手硬一手软"的情况。作为一位政治家、改革家，邓小平敏锐地发现国内存在的一些不好的苗头和现象，为了澄清人们的错误认识，纠正错误做法，邓小平提出了建设精神文明的主张，由此，精神文明建设成为邓小平非常关注的一个问题。在以后的十几年中，他一再强调要加强精神文明建设，使其作为一个崭新的命题日益深入广大人民群众生产生活中，成为党在新的历史时期推进文化建设的重要内容。1992 年他在南方谈话中提出了"要坚持两手抓，两手都要硬"的思想。

（2）精神文明建设的内容和主要任务

关于精神文明问题，邓小平有着自己的认识，他认为精神文明建设是一个整体性、系统性的工程：主要内容是思想道德建设及科学文化建设，主要任务是对人的塑造，即培养社会主义"四有"（有理想、有道德、有纪律、有文化）新人。关于如何建设精神文明的问题，邓小平有着自己的思考，始终在探索和实践着。一是重视不同层次的思想道德建设。根据社会主义的特点，社会主义道德是以共产主义为核心，包括集体主义、人道主义、爱国主义以及社会公德、职业道德、家庭美德等。在职业领域，大力倡导职业道德，特别是党政部门，要求做到全心全意为人民服务，公正廉洁，坚决反对以权谋私；在社会生活方面，要大力弘扬人道主义精神，尊重关爱别人；另外，还要遵守社会公共秩序，讲文明礼貌，积极开展移风易俗等。为此国家开展了"五讲四美三热爱"活动，很大程度上改善和净化了社会风气，提升了人民群众的思想道德素质。二是制定并推动贯彻落实《关于社会主义精神文明建设指导方针的决议》。这一决议为落实精神文明建设提供了抓手，它从根本任务等六个方面对如何建设精神文明进行了安排部署。三是推动科学文化建设。在这方面，国家制定了科技体制及教育体制改革的相关重要文件，大刀阔斧地改革不合理的科技教育制度，释放科技生产力及教育活力。制定了九年制义务教育法，普及九年制义务教育。提出科学技术是第一生产力的新论断，大大解放了科技生产力。

3. 发展先进文化

党的第三代中央领导集体，在重视发展市场经济的同时，把党的自身建设和先进文化的发展紧密联系起来，从综合国力角度探讨了如何建设社会主义先进文化问题。在当代中国，发展先进文化，就是发展有中国特色社会主义文化。

（1）"弘扬主旋律，提倡多样化"

这一思想是江泽民在 1994 年 1 月的全国思想工作会议上提出，所谓"弘扬主旋律"，就是要在党的基本理论和路线的指引下，弘扬爱国主义、集体主义和社会主义的精神，倡导有利于改革开放、现代化建设、民族团结、社会进步以及人民幸福的思想和精神，不断满足人民群众精神文化需求，繁荣社会主义文化。所谓的"提倡多样化"，就是要继续坚持"双百"方针，鼓励积极探索与创造，提倡学术研究方面不同学派和观点的自由讨论，推动艺术创作方面形式和风格的自由发展。为此，要做到：首先要弘扬民族精神。中华民族的民族精神是各族人民在建设祖国、抵御外侮、攻坚克难的过程中培育和形成的，这种精神最突出的就是团结统一、独立自主、爱好和平、自强不息的精神。面对思想界的文化激荡，必须把培育和弘扬民族精神作为文化建设的一个重要任务，使全体中国人始终保持昂扬向上、奋发有为的精神状态。其次，要反映时代精神。鼓励文艺工作者多关注和研究改革开放的现实问题，创作出能够反映时代主旋律且内容健康、格调高雅、精神向上的文艺及文学作品。

（2）落实"以德治国"方略

以德治国思想是江泽民在 21 世纪初思考提出来的，他指出，在社会主义建设过程中，不仅要依法治国，也要坚持不懈地加强社会主义道德建设，以德治国。这里的"德"不是一般意义上的道德或思想品格，而是一种精神。这种精神包括：中华民族传统精神，如自强不息等；中国革命精神，如红船精神等；社会主义建设时期的时代精神，如抗洪精神等。很显然，在这里江泽民将"德"提到了很高的地位，将其从一般意义上的行为规范上升到了治国理政的国家方略高度，大大丰富了马克思主义文化学说。随着社会的发展，党治理国家的方式也要不断地创新和发展，这是顺应时代潮流所作出的明智选择和决断。

社会主义道德建设是精神文明建设的灵魂和核心，公民良好的道德素质，有助于中华民族优秀传统文化的继承与创新，有助于提升国家的凝聚力和号召力，有助于应对形形色色的外来文化的冲击，为我国经济、社会的发展提供精神动力。为了加快以德治国进程，党的第三代领导集体给出了自己的思考，采取了相应的措施。第一，加强党员领导干部思想道德建设。按照"三讲"（讲学习、讲政治、讲正气）及"三个代表"的要求，凸显为人民服务宗旨，提升党的领导和执政水平，增强防御风险和拒腐防变的能力。第二，加强爱国主义教育。爱国主义是社会主义道德建设的基础性工程，是鼓舞和动员人民群众团结奋斗的一面旗帜。1994年，中央印发了《爱国主义教育实施纲要》，使爱国主义教育有了制度上的抓手。第三，加强社会公德、职业道德以及家庭美德教育。社会公德方面的工作要扎实推进，如在乡村制定了乡规民约，在城市制定了市民守则，国家组织编写了一批优秀的社会公德普及读物，如《中国传统道德》《中国公民手册》以及《新三字经》等，受到了广泛欢迎；职业道德方面，大力倡导诚信经营、诚实做人、窗口文明服务以及服务承诺制等；家庭美德方面，提倡团结互爱，家庭和谐。国家还印发了《公民道德建设实施纲要》，进一步提升了全民族的思想道德素质，逐步形成了与社会主义市场经济体系相适应的公民道德体系。第四，正确处理依法治国和以德治国的关系。依法治国也是江泽民比较关注的一个问题，他认为，法治是社会进步和文明的一个重要标志，法治和德治是密不可分的统一体，二者相辅相成，法治是德治的升华，法制建设需要德治建设作为基础，德治建设需要法治的保驾护航。

（3）实施"科教兴国"战略

1995年5月，在中共中央、国务院召开的全国科学技术大会上，江泽民提出了这一战略。科教兴国，是指全面落实科学技术是第一生产力的思想，坚持教育为本，把科技和教育摆在经济社会发展的重要位置，增强国家的科技实力及向现实生产力转化的能力，提高全民族的科技文化素质，把经济建设转到依靠科技进步和提高劳动者素质的轨道上来，加速实现国家繁荣强盛。这一兴国战略的提出，是党中央吹响的向科学和教育高峰进军的号角。实施科教兴国战略，是社会主义先进文化建设的基础性工程。

为了贯彻落实科教兴国战略，党中央重点抓了几个关键环节。一是把科技和教育放在了优先发展的战略地位。江泽民曾于1989年12月强调指出，要把科学技术放在优先考虑、优先发展的战略地位，缩小与发达国家之间的差距。要转变经济发展理念，优先重视教育发展及科技事业，提升劳动者思想道德素质和科学文化水平，实现经济持续发展。二是突出我们党对于科学技术工作的政治领导。党的第三代领导集体在加强党对科技工作领导方面出台了很多具体措施，要求各级党委坚决执行党的科教方针政策，因时因地制宜，把推进科技进步摆在重要议事日程，党政一把手亲自抓，紧抓不放，制定切实可行的措施；各党政领导要统筹协调计划、财政、金融、税务等各相关部门，加强对科技工作的指导和综合管理。三是抓住人才这个关键。实施科教兴国，人才是关键，当代世界的竞争最终是人才的竞争。为此，第一要重视优秀人才队伍建设。江泽民提出要打造三支人才队伍，即科学家队伍、工程技术专家队伍和科技管理专家队伍。第二要加快人才培养机制建设，为人才的成长发展创造良好的环境和条件。第三要按照德才兼备、以德为先的原则选拔使用人才，使得人尽其才。

（二）文化软实力明确提出

以胡锦涛同志为主要代表的中国共产党人继承、总结和凝练了党在文化建设方面的好经验，创造性提出"国家文化软实力"理念，丰富发展了党的文化建设理论。在全面建设小康社会的关键时期，将国家文化软实力提升至国家发展战略高度，对建设中国特色社会主义文化做出了新的安排部署。由文化生产力到国家软实力，再到国家文化软实力，以胡锦涛同志为总书记的党中央对文化在国家发展中的地位和作用的认识日益深入，富有中国特色的文化软实力思想趋于形成。

1. 解放和发展文化生产力

美国学者约瑟夫·奈提出了软实力的概念后，一石激起千层浪，在国际上引起了很大的反响，作为改革开放前沿的中国，不可避免地受到了这一思想的影响。然而，在软实力概念没有出现及传入中国之前，中国的学者及我们党和政府已经关注到文化的重要作用。党的十六大以来，胡锦涛继承发展了党的前几代领导人的文化建设理论，率先提出了"文化生产力"思想。

（1）文化生产力思想的提出

在软实力概念没有提出并被传入中国之前，国内的一些专家学者主要着眼于"文化力"和"文化生产力"的阐释和解读。"文化力"的概念最早是日本学者名和太郎在《经济与文化》中首先提出，他是在分析文化价值和经济价值、文化市场机制方面使用的。国内学者较早研究"文化力"的是贾春峰，20世纪90年代初，他在论述经济与文化的关系时，阐述了这一概念，这里的文化力主要指文化为经济发展所提供的"精神动力和智力支持的作用"。为了解读文化力，贾春峰写作了《文化力》《文化力观》《文化力启动经济力》《文化力制胜》《贾春峰说企业文化》等论著。

关于"文化生产力"，较早出现于20世纪90年代末王恒富主编的《文化生产力的崛起》一书，书中认为："在大文化观和大生产观看来，文化与生产力已不再是互不相干的两码事，它们之间你中有我，我中有你，正在经历一场一体化运动。"

方伟在其著作《文化生产力：一种社会文明驱动源流的个人观》中对文化生产力的渊源、发展、特征以及作用进行了阐释，提出了文化生产力"本体说"，揭示了文化作为生产力的重要因素在社会发展中的本质意义。

学界的研究引起了党的高层领导关注，党的十六届四中全会正式提出了"文化生产力"思想，要求"解放和发展文化生产力"。这一思想的提出，为文化软实力的提出作了前期的思想探索和实践准备。

（2）解放和发展文化生产力的实践

历史上，我们曾有一段时期过于看重文化的意识形态功能和社会效益，而不同程度地忽视了文化的产业功能和经济效益。解放和发展文化生产力明确了文化生产力也是一种社会生产力，文化产品的生产和其他产品的生产共同构成社会的总生产，文化也是一种生产力。文化产品在积极占领意识形态领域的同时要主动适应市场，占领市场和占领意识形态阵地是统一的，社会效益和经济效益是一致的。只有更好地占领市场，才能更多地占领阵地。

深化文化体制改革。文化体制的改革创新，是我国文化发展的根本动力。改革文化体制机制有助于构建科学合理的文化制度，能够更好地解放和发展文化生产力。2005年底，国家出台了《关于深化文化体制改革的若干意见》，党的十七届六中全会通过了《中共中央关于深化文化体制改革、推动社会主义文化大发展大繁荣若干重大问题的决定》，强调推进文化体制改革的重要性和紧迫性，并从深化国有企事业文化单位改革、健全现代文化市场体系、创新文化管理体制、完善政策保障机制、推动中华文化走向世界以及吸收借鉴国外优秀文化成果等六个方面进行了部署。

促进文化事业和产业协调发展。科学发展观是十六大来以胡锦涛同志为总书记的党中央在治国理政方面的新战略，在文化建设方面主要表现为文化事业和产业的协同发展。很长一段时间，政府对于文化事业和产业功能没有很好定位，将文化事业和文化产业混淆在一起，该加大投入力度的文化事业长期资金投入不足，该推向市场的文化产业却长期吃政府的大锅饭，导致文化事业不够繁荣，文化产业缺乏竞争力，很大程度上制约了二者的协调发展。为了更好地释放文化生产力，党中央重新明确了文化建设中政府承担的职责与市场应该发挥的作用，捋顺了文化事业和文化产业的发展思路。党的十六大从功能定位上对文化事业和文化产业做了明确划分，一定程度上澄清了认识上的误区。党的十七大要求加大对文化事业的投入力度，特别是加强社区和乡村文化建设。党的十七届五中全会则提出继续实施文化惠民工程，基本建成公共文化服务体系，将文化事业、文化产业的发展重点放在农村基层和中西部地区。

2. 提升国家软实力

关于软实力建设，我们党和国家一开始就立意高远，将其明确上升到国家战略层面，称之为"国家软实力"，它为文化软实力的提出做了进一步的理论探索与实践尝试。提升国家软实力是以胡锦涛为主要代表的中国共产党人应对世界各种思想文化潮流挑战的重要选择，是为了更好满足国家发展和人民生活改善对文化发展的要求，是积极应对文化生活多样化态势所作出的决策部署。为了落实这一文化建设战略，党和国家提出要加强网络文化建设，建设和谐文化，搞好廉政文化建设。

（1）国家软实力思想的提出与丰富

2006 年 11 月，胡锦涛在"文联八大"的讲话中谈到，"提升国家软实力，是摆在我们面前的一个重大现实课题。"这是"软实力"概念第一次从党的时任最高领导人口中说出。在 2007 年的中央政治局集体学习会上，胡锦涛将网络文化建设与国家软实力发展结合起来，认为通过运用互联网这个文化建设平台，有利于提升人民的科学文化水平和道德素养，有利于精神文明感染力和辐射力的作用发挥，有利于最终促进国家软实力发展。同年 10 月全国政协召开了"以文化建设为主要内容的国家软实力建设"专题协商会，会上，时任政协主席贾庆林就软实力建设的意义、内容作了讲话。政协会议的专题讨论，使广大民主党派、无党派人士对于国家软实力建设的重要地位及具体措施有了更清晰的认识、更深入的理解。

（2）提升国家软实力思路

提升网络建设软实力。网络文化是 20 世纪末新衍生的一种文化形态。作为一种信息载体，互联网逐渐趋于普及和应用，日益深入和影响了人们的学习、生活、工作以及交往。互联网具备方便快捷、信息传送规模大等优势，但与此同时，也存在一些负面的影响，诸如网络欺诈、网络暴力的渲染、网络赌博，特别是有害思想的非法入侵等。对于互联网的出现及发生的变化，以胡锦涛同志为总书记的党中央非常重视，将网络文化的建设和管理上升到增强国家软实力的战略高度，强调要大力发展互联网文化产业，要坚持依法、科学及有效管理，突出主旋律，提供优质网络文化产品及服务，提高网上引导水平，营造健康网络环境。为了进一步规范网络文化，党的十七届六中全会以"发展健康向上的网络文化"为专题对互联网文化建设进行了专题部署，其主要任务是加强网上思想文化阵地建设。在国家层面，制定出台了一系列规范互联网及网络文化建设的文件。早在 2000 年 9 月，国务院就颁布实施了《互联网信息服务管理办法》，而文化部根据这个管理办法，于 2003 年 5 月制定出台了《互联网文化管理暂行规定》，对互联网文化活动的性质、活动范围、申请程序、遵守的法律法规、禁止的事项和网络违法活动的处理等进行了明确的规定。在此基础上，文化部又于 2011 年 3 月制定发布了新版的《互联网文化管理暂行规定》，增加了一些条款，如网游注册资金不低于 1000 万元等，并加大了对于部分违规情况的处罚力度。

构建和谐文化。和谐社会伴生和谐文化，和谐文化促进和谐社会。以胡锦涛同志为总书记的党中央着眼于全面建设小康社会布局全面建设和谐社会，这既需要实力雄厚的物质基础，又需要文化力量的精神支撑。为了在全社会构建和谐文化，党和国家重点抓了几项重要工作，一是根据十六届六中全会的部署，在全社会倡导树立以"八荣八耻"为主要内容的社会主义荣辱观，倡导爱国、敬业、诚信、友善等道德规范；以国家的主流价值观念为引导，营造风清气正的良好舆论氛围；创建和谐社区，打造和谐家庭，促进人与人之间的和谐友好相处。二是根据党的十七大安排部署，把建设和谐文化和培育文明风尚结合起来，弘扬社会正气，协调城乡区域文化发展，增强社会诚信意识，发挥榜样的示范作用，营造良好社会环境和社会风尚。

搞好廉政文化建设。以胡锦涛同志为总书记的党中央面对新形势、新任务，在继承我们党长期坚持的党风廉政思想的基础上，创造性地提出了廉政文化建设思想，强调要把廉政文化建设整体纳入反腐倡廉教育的基础性工程中。2005 年 1 月，中共中央印发了惩治预防腐败体系实施纲要，明确使用了"廉政文化"的概念。2007 年 1 月，在十六届中央纪委第七次会议上，胡锦涛就加强干部作风问题提出了"大力倡导八个方面的良好风气"，为廉政文化建设进一步指明了方向。这八个方面的良好风气是："勤奋好学、学以致用。心系群众、服务人民。真抓实干、务求实效。艰苦奋斗、勤俭节约。顾全大局、令行禁止。发扬民主、团结同事。秉公用权、廉洁从政。生活正派、情趣健康。"党的十七大报告提出了要形成反腐倡廉长效机制、反腐倡廉制度体系以及权力运行监督机制。2008 年 6 月，中共中央制定了预防腐败 2008—2012 工作规划，阐述了按照社会主义文化大发展大繁荣的要求，加强"四德"（公德、道德、美德、品德）建设和法制教育，开展廉政文化建设工作。2010 年 3 月，中央纪委等六部门联合下发了《关于加强廉政文化建设的意见》，做出了相关部署：一是培育和弘扬廉洁价值理念，在全社会形成以廉为荣、以贪为耻的理念和观念。二是把廉政文化创建同精神文明活动开展结合起来，使廉政文化进机关、社区、学校、农村、企业以及家庭，提高广大干部群众的廉洁意识。挖掘历史文化名胜、旅游景点中的廉洁资源，拓展廉政文化建设的阵地。三是研究廉政文化理论，创作、宣传廉政文化产品。四是加强各级党委和政府对于廉政文化建设的领导，明确责任，加大投入，形成全社会合力。

3. 提高国家文化软实力

党的十七大确立了国家文化软实力建设的战略任务，这是对十六大以来的文化生产力、软实力思想的拓展，由此，文化软实力思想在我国正式形成。为了落实这一思想，国家提出了建设文化强国的目标及构建核心价值体系的任务。

（1）国家文化软实力思想正式形成

"文化软实力"思想确立于党的十七大，这是以胡锦涛同志为总书记的党中央在文化重要性认识方面的重要突破，标志着这一思想正式成为国家文化建设的新着力点。为了落实文化软实力发展的任务，胡锦涛曾在不同场合就其重要性作出多次强调，并就其具体任务做出了相关安排部署。2008 年 1 月的全国宣传思想工作会议会议上，胡锦涛在阐述"深化文化体制改革，提高文化发展活力"问题时强调指出，"深化改革，加快发展，是兴起社会主义文化建设新高潮、提高国家文化软实力的必由之路"。在 2011 年 7 月建党 90 周年大会上，胡锦涛指出，"要着眼于推动中华文化走向世界，形成与我国国际地位相对称的文化软实力，提高中华文化的国际影响力。"同年召开的党的十七届六中全会将文化软实力建设与文化强国的目标结合起来。2012 年 11 月，党的十八大召开，在文化建设方面，把提高国家文化软实力上升到事关全面建成小康社会，事关中华民族伟大复兴的战略高度。

（2）国家文化软实力建设的相关举措

以胡锦涛同志为总书记的党中央非常重视文化在提升综合国力及国际竞争力方面的作用，并就如何提高国家文化软实力，从国家战略层面给出了构想，提出了一些具体的措施。

建设文化强国。目标决定行动方向，以胡锦涛同志为主要代表的中国共产党人审时度势，准确把握了世界文化与中国文化发展的格局及新的发展趋势，在推进全面建设小康社会的基础上，明确提出了建设社会主义文化强国的战略目标。为了实现这一目标，要推进先进文化入脑入心，保障人民的基本文化权益，提升人民的科学及道德素质，构建中华民族共有精神支柱，激发民族文化创新。在此基础上，党的十八大对于如何建设社会主义文化强国，做了进一步安排部署，一是走中国特色社会主义文化发展道路，二是增强民族文化创造活力。

建设社会主义核心价值体系。为了加强社会主义核心价值体系建设，党的十七大，十七届六中全会以及党的十八大都做出了相应的部署和安排，主要体现为，将核心价值体系主要内容贯彻落实到日常的教育和精神文明创建始终；推进马克思主义、社会主义思想进教材进课堂和进头脑；将爱国主义、集体主义等的具体要求落实到中小学、高校及职业院校的教育中，弘扬民族和时代精神，抵制腐朽及错误思想的影响。与此同时，胡锦涛作为党的十六届、十七届最高领导人，通过自己的讲话、指示、批示等，积极推动、丰富拓展了核心价值体系内涵。例如，在建设中国特色社会主义事业的伟大实践中，以他为主要代表的中国共产党人及时概括提炼出载人航天精神、劳模精神、抗震救灾精神等。

（三）文化软实力进一步发展和提升

党的十八大以来，新一届党中央高度重视国家文化软实力建设，主要表现为，赋予文化软实力新的战略性地位和意义，坚持文化软实力建设的"人民中心论"，推进文化软实力发展新探索。

1. 文化软实力提升意义再认识

党的事业薪火相传，以习近平同志为核心的党中央继承了毛泽东、邓小平、江泽民及胡锦涛等同志关于文化建设，特别是文化软实力建设发展思想，对文化软实力提升的重要意义进行再认识和再强调。

（1）召开文化软实力提升研究专题学习会

2013 年下半年，习近平主持召开主题为"提高国家文化软实力"的中央政治局集体学习会。就国家文化软实力建设进行专门的中央政治局集体学习，充分显示了新一届党中央对于文化软实力建设的重视，越来越认识到文化在国内及国际上扮演的重要角色。会上，相关的文化研究专家就文化软实力提升、文化强国建设做了讲解和汇报。为了提升国家文化软实力，要努力夯实国家文化软实力的根基，要努力传播当代中国价值观念，要努力展示中华文化独特魅力，要努力提高国际话语权。由此可见，新一届党的领导集体对文化软实力重要性的认识站得更高、望得更远，主要着眼国际国内两个角度、实现民族复兴的战略高度来看待文化建设，更加全面，更加深刻。在国内，提高国家文化软实力事关"两个百年"目标及民族伟大复兴中国梦的实现；在国际上，提高国家文化软实力则事关中国的国际形象和地位，众所周知，古往今来，任何一个大国的发展进程，既是经济总量、军事力量等硬实力提高的进程，也是价值观念、思想文化等软实力提高的过程。

（2）将文化软实力提升纳入社会主义现代化新阶段并写入党章

党的十九大，是在新时期召开的一次十分重要的会议，为新时代中国的发展做出了安排部署，为中国的未来发展指明了新的发展方向。在这次会议上，关于文化软实力提升方面，做出了一些新的安排和部署。

一是将文化软实力提升纳入"基本实现社会主义现代化"阶段目标。党的十九大在传统"三步走"目标的基础上提出了新时代分"两步走"的新战略目标。把"基本实现社会主义现代化"提前了 15 年，放置在从"全面建成小康社会"到"实现社会主义现代化强国"之间，党的十九大报告强调指出，在这个阶段，文化软实力建设要上升到一个新水平，即"社会文明程度达到新的高度，国家文化软实力显著增强，中华文化影响更加深入"。

二是将文化软实力写入党章。党章是我们党的根本法，全体党组织和党员干部必须无条件遵从。党章中的总纲是党章的重要组成部分，是党章的前提和总则，即纲领和要领。党的十九大对党章进行了部分修改，在总纲部分，将习近平新时代中国特色社会主义思想新增为党的指导思想。在"中国共产党领导人民发展社会主义先进文化"内容中增加了"提高国家文化软实力"概念，表述为："推动中华优秀传统文化创造性转化、创新性发展，继承革命文化，发展社会主义先进文化，提高国家文化软实力。"

2. 文化软实力建设的"人民中心论"

人民是历史的创造者，是历史的主体。始终关注人民的主体地位，是中国共产党长期以来秉持的优良传统，也是时代发展的必然要求。党的十八大以来，以习近平同志为核心的党中央围绕提升文化软实力，就推进社会主义文化建设提出了一系列新思想，要求树立以人民为中心的工作导向，调动人民群众参与文化建设的主体性、积极性与能动性，初步形成了文化软实力建设的"人民中心论"思想，具体表现为：让人民分享改革开放的文化成果、坚持以人民为中心的创作导向以及奉行人民评价文化优劣的原则。

（1）让人民分享改革开放的文化成果

中国共产党的宗旨是全心全意为人民服务，为了更好地满足人民群众对美好生活的追求，我们党不懈奋斗，始终在为人民谋幸福，为民族谋复兴。随着进入新时代，我国社会主要矛盾已转化为人民日益增长的美好生活需要和不平衡不充分的发展之间的矛盾。现如今，人民群众的日子越过越好，不再满足于基本的衣食住行，更多的追求精神上的享受和文化上的服务，国家需要在高质量文化产品供给上做文章，更好地满足人民群众的文化需求。检验一切工作的成效，最终都要看人民是否真正得到了实惠，人民生活是否真正得到了改善，人民权益是否真正得到了保障。这里的实惠包括文化的实惠，我们党干革命、抓建设、搞改革的最终目的是为了广大人民过上幸福美满的生活。党的最高理想和最终奋斗目标是实现共产主义，在这其中文化扮演着重要的角色，只有提高人们的文化素质，才能让人们最终摆脱物质的羁绊，真正实现精神上的自由，实现共同富裕，实现人的自由联合体。

（2）坚持以人民为中心的创作导向

关于创作导向必须以人民为中心的问题，习近平在2014年10月15日的《文艺座谈会上的讲话》中明确指出，"以人民为中心，就是要把满足人民精神文化需求作为文艺和文艺工作的出发点和落脚点，把人民作为文艺表现的主体，把人民作为文艺审美的鉴赏家和评判者，把为人民服务作为文艺工作者的天职。"为什么要坚持以人民为中心的创作导向？主要是因为：一是人民是文化的参与者、实践者和建设者。文化反映着一定时期的生产方式和生活方式，生产方式主要体现的是历史纵的方面，即人民群众的奋斗史。中华民族的发展史，就是人民群众不懈的奋斗史。中华民族争取民族独立、解放的革命史、斗争史，以及为实现国家富强的改革开放史、建设史，都为相应时期的文化创作提供了丰富的素材。生活方式体现的是生活横的方面，即人民群众丰富多彩的具体生活。只有将人民作为表现的主体，反映他们的具体生活，才能为他们所接受和喜爱。二是人民是文化发展的动力。人民是生产方式的决定力量，在推动物质生产向前发展的同时，以自身的实践活动推动着文化向前发展。古今中外很多文艺名家都是从社会和基层人民群众中产生，他们把文化创作与自身生产、生活结合起来，直接推动了文化的发展。关于如何坚持以人民为中心的创作导向，习近平于2016年11月在中国文联十大、中国作协九大开幕式上的讲话中指出，文艺工作者要有时代担当和民族担当，要弘扬正义，讴歌正能量，要坚持"二为"方向和"双百"方针；文艺工作者要不断创新，要把握住时代脉搏，坚持奋发向上的民族精神，推出一批接地气、反映群众生活、受人民喜爱的优秀作品。

（3）奉行人民评价文化的原则

评价文化产品好坏的标准有很多，但最根本的评价标准和衡量尺度则是人民喜欢度和满意度。对于这一点，新一届党中央有着清醒的认识。文化作品及文化工作要自觉接受人民的监督，这主要是考虑到广大人民群众是文化消费的最庞大群体，因而对于文化的优劣最有发言权。一部文化作品是否有价值，很重要的一个标准是能否被人民认同、认可和接纳，直至最终的消费，真正融入人民群众的生活，真正实现了文化为人民服务的目的。一部文化作品，不管它形式多么新颖，内容多么充实，载体多么先进，如果对于人民来说没有价值，不被人民所接受，都会失去文化的现实意义。不要以为人民群众来自基层，就不懂得欣赏那些高雅的文学艺术作品，更不懂得文艺批评，马克思曾说"人民历来就是作家'够资格'和'不够资格'的唯一判断者"。

3. 文化软实力发展的再推进

当前，国家间的文化软实力较量日趋激烈，以习近平同志为核心的党中央审时度势，高度重视文化软实力建设，积极探索文化软实力提升的破题之道，形成了习近平新时代文化软实力提升的新思路、新探索及新实践。

（1）布局复兴中华优秀传统文化

十八大以来的党中央突出强调中华优秀传统文化重要性。习近平曾在纪念孔子 2565 周年诞辰会议上谈到，"中国优秀传统思想文化体现着中华民族世世代代在生产生活中形成和传承的世界观、人生观、价值观、审美观等，其中最核心的内容已经成为中华民族最基本的文化基因。"在十八届中央政治局第十二次、第十八次集体学习会以及文艺工作座谈会上，习近平再次强调指出中华文化是国家精神命脉，是国家文化软实力建设的重要思想资源，是社会主义事业发展壮大的文化沃土，是中国立于世界文化之林的坚实根基。党对于中国优秀传统文化的重视，为复兴中华优秀传统文化指明了方向。

习近平身体力行宣传中华文化和讲好中国故事。一国元首的文化态度和文化外交对于宣传、弘扬本国的文化至关重要。作为党的总书记、国家主席，无论是在国内主持召开会议、实地调研考察，还是接待外国元首、国际友人、政党领袖，习近平总是引经据典，时刻不忘宣传展示中国优秀传统文化。有人称习近平是中华文化的"第一代言人"，这从一个侧面充分说明习近平总书记对于中华文化的热爱、重视和主动宣传。习近平曾经下过乡、插过队，在辛苦劳作之余，大量阅读了中国优秀传统文化书籍，在他身上，体现着一个知识分子浓浓的家国情怀。谈论中国传统文化、诗词歌赋，他信手拈来，言谈举止体现着中国风格、中国特色，展现了一个东方文明古国的大国领导人风范。2015 年 2 月，人民日报出版社出版了《习近平用典》一书，全书共有 13 个篇章，搜集了习近平长达 27 年的所有著述及重要讲话、文章中有 285 则典故，这些典故大多是从中国传统的经典古籍摘引而来，引用最多的是儒家经典名言，诸如《论语》等。《习近平用典》（第二辑）已于 2018 年 4 月出版，新收入了习近平 2014 年 9 月以来讲话及文章中的 148 则典故，包括敬民篇、治理篇、天下篇等 11 个方面。基于国际社会对于中国了解的期盼，切实解决国际社会对于中国的一些误解和偏见，真正解决只重视"讲述"不重视"讲好"的问题。习近平本人是讲故事的大家，他身体力行讲好故事，无论是在会议发言，还是出访演讲、报刊署名文章，他都善于用故事来传情达意，感染他人。在《习近平讲故事》一书中共收入 109 则故事，概括其主要内容，具体表现为：一是讲好中国道路。重点强调这条道路是中国人民选择和历史选择；二是讲好中国梦。重点强调中国梦与世界梦的相通性。三是做好宣传工作。2013 年 8 月，习近平在全国宣传思想工作会上的"四个讲清楚"为新时期做好宣传工作指明了具体方向。四是把握好相关原则。讲好中国故事要"讲事实、讲形象、讲情感、讲道理"，要着力体现中国立场、中国智慧和中国价值理念。五是打造讲好故事的平台和理念。

根据中央关于复兴中华优秀传统文化的精神，2017 年 1 月，中共中央办公厅和国务院办公厅制定并推动落实《关于实施中华优秀传统文化传承发展工程的意见》（以下简称《实施意见》），这是党和国家第一次以正式文件的形式推进中华优秀传统文化传承发展。该文件共分为四大部分，其中第三部分是任务安排，主要有："深入阐发文化精髓、贯穿国民教育始终、保护传承文化遗产、滋养文艺创作、融入生产生活、加大宣传教育力度、推动中外文化交流互鉴。"该《实施意见》为复兴中华优秀传统文化进一步指明了发展方向、提供了具体抓手，必将有力促进中华文化的繁荣发展。随之，传承发展中华优秀传统文化的各种制度、举措和活动，在全国各地展开。中宣部建立中华优秀传统文化传承发展工程联席会议制度，相关部委推出中华文化资源普查、国家古籍保护、中华经典诵读、中国传统村落保护、非物质文化遗产传承发展、传统戏曲振兴、中华文化电视传播、中华老字号保护发展等项目；新设立的中华民族音乐传承出版、中国民间文学大系出版、革命文物保护利用等项目启动实施。

（2）构建中国特色的哲学社会科学

十八大以来的新一届党中央很重视哲学社会科学的建设，召开了专门的哲学社会科学工作座谈会，就构建哲学社会科学的地位和意义、存在的问题和挑战、坚持原则、战略任务、组织保证以及具体实施等方面做了强调和部署，从大本大源上回答了新形势下需要不需要哲学社会科学、需要什么样的哲学社会科学、怎样开展哲学社会科学工作、朝什么目标来努力等重大问题，为新时代繁荣发展中国哲学社会科学提供了遵循、指明了方向，具体表现为：一是强调构建哲学社会科学在国家建设中的地位和意义。一个国家的科学发展水平取决于自然科学和哲学社会科学统筹协调发展，二者相辅相成，缺一不可。当今中国正处于激烈的变革发展时期，时代需要理论先行，指导实践的发展。二是哲学社会科学存在的问题，主要有学术的原创能力不强，学科、学术以及话语体系总体水平不高；学术评价体系及管理体制需要进一步完善；科技人才队伍总体素质还有待进一步增强。三是坚持马克思主义科学理论指导。马克思主义具有强大生命力，并未过时，它是当代中国哲学社会科学的灵魂和方向，必须旗帜鲜明地坚持下去。四是落实构建哲学社会科学的战略任务，主要是构建具有中国特色、中国风格、中国气派的哲学社会科学，要做到体现继承性、民族性、原创性、时代性、系统性、专业性。五是坚持党对哲学社会科学的领导。习近平总书记要求各级党委加强和改善对于哲学社会科学的领导，建设中国特色新型智库，使党政部门的政策研究和智库有效对接，建立健全决策咨询制度。2017 年 5 月 16 日，中央印发了《关于加快构建中国特色哲学社会科学的意见》（以下简称《意见》），使繁荣发展当代中国哲学社会科学有了更好的抓手。该《意见》对于如何繁荣发展我国的哲学社会科学做了具体安排："一是要加快构建中国特色哲学社会科学学科体系。二是要加快构建中国特色哲学社会科学学术体系。三是要加快构建中国特色哲学社会科学话语体系。"该《意见》强调指出，要突出马克思主义一级学科的地位，加强其学科建设；健全具有支撑作用的哲学社会学科；立足中国，放眼世界，提升学术理论中国化水平；建立能够激发科研活力的体制机制以及学术评价体系；坚持用理论阐释实践，用实践升华理论，提升党的理论创新成果的学理阐释，推动哲学社会科学研究成果及时转化，更好地服务社会及人民大众。在这一《意见》的指导下，我国新型智库建设得以快速推进，一些高等院校和党校、行政学院以及社会科学院等研究机构纷纷成立马克思主义或中国特色社会主义研究中心，很多高校还纷纷成立马克思主义学院，此外，一些高校尝试对于专职从事思想政治教育课的老师给予"思政津贴"，等等。

二、中国文化软实力研究的特点与成果

（一）中国文化软实力研究的主要特点

综观几十年来中国文化软实力的研究，主要呈现出三个显著特点：一是在科研活动方面，从零散研究向有组织研究发展；二是在学科领域、学术成果方面，从规模较小向规模较大发展；三是在研究方法方面，从主要诠释西方观点向探索文化软实力研究的中国范式发展。总的来看，研究领域明显拓宽，研究成果明显丰富，研究质量明显提高。特别值得一提的是，中国文

化软实力研究中心 2009 年面向全国组织了关于中国文化软实力研究的课题招标活动。该中心组织相关专家，精心策划，反复讨论，确定了 20 个课题研究方向：

（1）中国综合国力发展与中国文化软实力建设研究；

（2）中国化马克思主义发展与中国文化软实力建设研究；

（3）社会主义核心价值观建设与中国文化软实力建设研究

（4）弘扬中国优秀传统文化与中国文化软实力建设研究；

（5）中国新闻传媒发展与中国文化软实力建设研究；

（6）互联网发展与中国文化软实力建设研究；

（7）中国文学艺术发展与中国文化软实力建设研究；

（8）弘扬时代精神与中国文化软实力建设研究；

（9）弘扬民族精神与中国文化软实力建设研究；

（10）中国民族政策与中国文化软实力建设研究；

（11）中国宗教政策与中国文化软实力建设研究；

（12）当代中国教育与中国文化软实力建设研究；

（13）思想政治教育与中国文化软实力建设研究；

（14）中国文化产业发展与中国文化软实力建设研究；

（15）中国外交政策与中国文化软实力建设研究；

（16）中国公共外交与中国文化软实力建设研究；

（17）中国国际形象提升与中国文化软实力建设研究；

（18）中国特色新型智库建设与中国文化软实力建设研究；

（19）中国政治体制改革与中国文化软实力建设研究；

（20）汉语国际传播与中国文化软实力建设研究。

上述 20 个招标方向几乎涵盖了政治、思想、文化的各个领域，反映了中国文化软实力研究的宽广视野。

（二）中国文化软实力研究的主要进展

总的看来，中国文化软实力研究要比其他国家（包括美国在内）的更系统、更全面、更深入。主要进展有以下 10 个方面。

1. 增强软实力不仅仅是国际政治博弈的一种手段，更是作为社会主义思想文化建设、精神文明建设的重要目标，着眼于中国综合国力的提高。

"软实力"概念引入中国后，学界一直都有争论，对"Soft power"的中国译法和用法进行规范，区分"Soft power"在不同语境、不同文化、不同目标指向下的细微差别，并且寻求其本土化的意义。总体而言，中国学者在使用"软实力（Soft power）"概念的时候给予了更宽泛的界定。从共性上看，理想信念、思想道德、组织纪律、精神文明、战略策略、作风形象、体制制度等都可以纳入软实力范畴，并可以从软实力的角度加以研究。如果对"软实力"概念理解褊狭，或教条对待，或食洋不化，不能为我所用，甚至被别人牵着鼻子走，必然会削弱自己的国际话语权。只有对软实力概念全面深刻的理解，并紧密联系当代中国和当代世界的实际，以我为主，为我所用，才能有利于提升中国的国际话语权。

2. 软实力与硬实力相辅相成

软实力是相对于硬实力而言的，两者都是国家综合实力不可或缺的重要组成部分。硬实力是指一个国家的国土资源、经济总量、军事力量等现实物质力量及其对外强制他国的能力；软实力则是指该国传统文化、价值观念、意识形态等文化因素对内发挥的凝聚力、动员力、精神动力和对外产生的渗透力、吸引力、说服力。软实力和硬实力互为前提、互相配合、相得益彰。在经济全球化的背景下，软实力的作用更加凸显：软实力强大了，硬实力可以得到全面的甚至超常的发挥；反之，如果没有软实力的潜在支持，硬实力就可能发挥不出来，甚至下降。

3. 文化力是政治力的内核，政治力是文化力的外在表现

学界普遍认为软实力包含文化力与政治力，两者互相渗透并呈现出"内"与"外"的形态，文化力是政治力内在的核心，而政治力是文化力外化的表现。"文化软实力"具有鲜明的意识形态属性，因此，其内含的"文化力"和"政治力"也是相互交织、界限模糊的。

4. 文化是软实力的核心，是贯穿软实力的灵魂，是维系软实力的经纬

所谓灵魂，是指文化决定着软实力的发展方向、发展宗旨。所谓经纬，是指文化贯穿到软实力各个层面、各个环节，维系软实力的体系框架。软实力之所以关乎民族兴衰、国家强弱、人民贫富，主要是由其文化因素决定的。

5. "中国文化软实力"的中国特色

一是我们在强调软实力的价值时，不是将其仅仅看成外交战略和国际权谋的一种手段，而是强调它的思想文化建设和精神文明建设的功能，着眼于中国综合国力的提高。二是对约瑟夫·奈的软实力内涵进行了层次区分。约瑟夫·奈把软实力平行地解释为文化吸引力、政治价值观的吸引力及塑造国际规则和决定政治议题的能力。我们则认为，文化是全部软实力的灵魂和经纬，软实力中各种要素的特质无不取决于相应的文化价值观念和智力思维。三是丰富、拓展了软实力的科学内涵，使软实力研究更加深入、具体、全面。

6. 结合对内对外的作用来分析中国文化软实力的内涵

文化软实力对内可以发挥文化的吸引力、感染力、动员力、凝聚力、鼓舞力、谋划力、意识形态和政治价值观的引导力；对外可以发挥发展道路和制度模式的吸引力，国家形象的亲和力，对国际规范、国际标准和国际机制的导向制定和控制能力，国际舆论的引导力，国际话语权的掌控力。上述各方面又可以分为两部分：一部分表现为价值观理性，另一部分表现为工具理性，这两者是相辅相成的。

7. 社会主义核心价值观是中国文化软实力的核心要素

任何民族、任何国家最长久的发展动力最终源自社会的核心价值观。国家文化软实力对内突出体现在民族凝聚力上，而凝聚力的强弱取决于核心价值观在国民中的认可度。因此，社会主义核心价值观的形成过程是其深入人心的过程，也是文化软实力形成和发挥作用的过程。提高中国文化软实力的第一要务，就是培育和践行社会主义核心价值观。

8. 文化软实力的"文化"是指当代中国社会主义先进文化

这种"文化"既不单纯是中国传统文化，也不单纯是马克思主义文化，更不是西方的资本主义文化，而是引领当代中国前进的先进文化；它既包括马克思主义中国化的文化成果——中国特色社会主义文化、中国共产党成立之后创造的革命文化，也包括中华民族的优秀传统文化，还包括已经被中国人所接受或还需要进一步吸收的优秀西方文化。

9. 中国优秀传统文化蕴含着极其丰富的软实力要素

中国优秀传统文化博大精深、源远流长，积淀着中华民族最深厚的精神基因，代表着中华民族独特的精神标识，是中华民族生生不息、发展壮大的精神营养，是中华民族一脉相承的"根"和"魂"，也是我国文化软实力建设的最重要的精神资源。因此，提高中国文化软实力必须深入发掘、梳理、提炼、升华、弘扬中华民族的优秀传统文化。

10. 人是文化软实力的灵魂主体

凡是文化，都是人的文化。因此，考察文化软实力就不能忽视"人"的问题，文化软实力建设实质就是人的塑造，包括人的道德、品格、情操、意志、理想信念、价值取向、人文修养、艺术品位、思维方法、智慧能力等，一言以蔽之，是人文精神。文化软实力只有通过人文精神的内动力才能生生不息。因此，提升国家文化软实力的关键在于坚持"以人为本"，提高人的素质。

"软实力"这个概念是美国学者约瑟夫·奈最先提出的。一个"软"字很有创意，也很有学术含量。但是，约瑟夫·奈并没有给"软实力"以明确的前后一贯的定义和范畴，也因此，他关于"软实力"的一些论辩有不少是经不起推敲的。但这并没有妨碍"软实力"概念的传播，世界各主要大国对"软实力"很重视。尽管美国学界反对和漠视"软实力"的学者大有人在，但美国政界一些人，包括前国务卿奥尔布赖特还为约瑟夫·奈的"软实力"思想"站台"，奥巴马的前任国务卿希拉里·克林顿公开奉行约瑟夫·奈所倡导的由"软实力"演变而来的"巧实力"。所以，"软实力"依然是国际政治领域出现频率比较高的一个词。

中国学界和政界基于对中外历史上正反两方面经验教训的深刻把握，形成一个重要共识：任何国家都需要两条腿走路，一条腿是物质硬实力，一条腿是文化软实力。如果物质硬实力不行，可能一打就垮，一推就倒；但是如果文化软实力不行，那么这个国家可能不打自垮，不推自倒。因此，中国比任何其他国家都更重视"软实力"的研究，已经赋予"软实力"以鲜明的中国特色，强调"文化软实力"。特别是，中国最高领导人习近平主持中央政治局全体集体学习"文化软实力"，并系统阐释了自己关于"文化软实力"的观点，可见其重视程度之高。在这种情势之下，中国学界涌现出前所未有的"文化软实力"研究热潮，中国特色文化软实力思想理论体系和话语体系呼之欲出。当然，在这种热潮中难免有一些对"软实力"食洋不化、对"软实力"泛化和对"软实力"窄化的理解与运用，需要进行正面引导。

总之，"中国文化软实力"研究非常重要。但究竟什么是文化？什么是软实力？什么是文化软实力？为什么必须研究中国文化软实力？怎样研究中国文化软实力？研究文化软实力重点应该研究哪些重大问题？研究中国文化软实力与实现中华民族伟大复兴"中国梦"是什么关系？对上述问题的探讨，国内学者还是"仁者见仁、智者见智"，很有必要提出一个关于中国文化软实力研究的理论脉络，为国内学者进一步深化研究提供一个共同的讨论基础。

第二节 中国文化软实力的理论构建

一、文化软实力对软实力的本质改造

文化软实力丰富发展了软实力思想，并赋予软实力以鲜明的中国特色。主要体现在以下三个方面。

（一）宗旨的迥异

约瑟夫·奈研究软实力，主要为美国外交战略和国际权谋服务，目的是

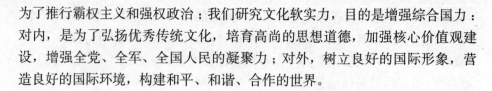

为了推行霸权主义和强权政治；我们研究文化软实力，目的是增强综合国力：对内，是为了弘扬优秀传统文化，培育高尚的思想道德，加强核心价值观建设，增强全党、全军、全国人民的凝聚力；对外，树立良好的国际形象，营造良好的国际环境，构建和平、和谐、合作的世界。

（二）内涵的拓展

约瑟夫·奈把软实力范畴界定为文化的吸引力、制度和价值观的吸引力、掌握国际话语权的能力。而我们强调的是文化软实力，它涵盖人类社会除物质硬实力以外的，所有无形的，难以计量的，表现为精神、智慧、情感的力量，包括文化的吸引力、语言的说服力、理想的感召力、精神的鼓舞力、智慧的创造力、道德的感染力、理论的指导力、舆论的引导力、形象的塑造力，等等。

（三）逻辑的重构

约瑟夫·奈把软实力范畴中的文化的吸引力、制度和价值观的吸引力、掌握国际话语权的能力平行并列摆开，我们则认为文化在软实力中具有特殊的、不可替代的重要作用。文化是居于指导地位的"灵魂"，是渗透到各个环节的"经纬"，文化显然高于制度和价值观及掌握话语权。因为，无论是制度和价值观也好，掌握国际话语权也好，还是外交、谋略等等，都与文化密切相关，并不可避免地受到文化的影响。

二、文化软实力研究的基本范畴

范畴是人类思维成果高级形态中具有高度概括性、结构稳定的基本概念，是反映事物本质属性和普遍联系的基本概念，具有普遍的方法论意义。文化软实力研究的最重要的任务之一，就是要找出并确定事关文化软实力发展的、具有方法论意义的范畴之间的辩证关系。

（一）软实力与硬实力的关系

软实力与硬实力是相互依存、辩证统一的，两者既相互区别、相互联系，又相互转化、相互渗透。软实力是相对于硬实力而言的，没有软实力，就没有所谓硬实力；反之亦然。硬实力为软实力提供物质基础、科技平台、传播手段；软实力为硬实力提供思想智慧、发展战略、精神动力。例如，没有先进的武器、充足的经费、可靠的后勤保证，即没有硬实力，仅仅凭靠精神、智慧和意志，即仅有软实力，很难战胜强大的敌人。反过来，仅有先进的武器装备和充足的后勤保证，而没有指战员的忠诚、智慧和士兵的严明纪律、高昂斗志，先进的武器装备和充足的后勤保证可能变成一堆废铁废物，甚至为对手所用，同样要打败仗。

（二）文化软实力与综合国力的关系

综合国力是指一个国家的经济生产力、政治动员力、军事打击力、文化吸引力、科技创新力、民族凝聚力等综合实力。前三项属于物质硬实力，后三项属于文化软实力。随着核武器威力的提升和互联网的快速发展，军事打击力的使用渐渐受到制约，新闻舆论对政治形势和社会心理的左右能力越来越大。这就意味着，在综合国力中物质硬实力的地位和影响相对下降，而文化软实力的地位和影响相对上升。当今世界正处于大发展、大变革、大调整时期，东西、南北各国综合国力的竞争日趋激烈；文化在综合国力竞争中的地位越来越凸显，维护国家文化安全的任务更加艰巨，文化软实力的强弱事关民族凝聚力和向心力，事关国家长治久安，是综合国力越来越重要的组成部分。

（三）古代传统文化与当代文化软实力的关系

中国的传统文化以儒教、道教、佛教思想为主要内容，也包括古代诗、词、曲、赋、民族音乐、民族戏剧、曲艺、国画、书法、对联、灯谜、歇后语、服饰、器物等。在这些各种各样的古代传统文化中蕴含着中华民族的价值观念、哲理思辨、创造智慧、心胸眼界、精神追求、审美情趣、意志品格、处事心态、风俗习惯等。正是这些传统文化形成了中华民族有别于其他民族的"根""脉""魂"。当代中国文化是从古代中国传统文化发展而来，虽然在其发展沿革中也接受了外国的文化，但其"根""脉""魂"始终没有被割断。优秀的传统文化是国家最深厚的文化软实力资源，当代中国文化软实力只有充分汲取这个"根""脉""魂"的正能量，并与时俱进，不断赋予鲜活的时代精神，才能立得稳、发展快、易做强，大大提升国家文化软实力。

（四）核心价值观与文化软实力的关系

核心价值观是一个民族、一个国家发展的最深层、最持久的力量，事关民族与国家的精神追求和价值标准，事关每个人的责任心、使命感、原则性、道德和良知，事关每个人的理想信念、理论信仰、崇尚敬畏、意志品格，事关真假鉴别、是非判断、善恶扬抑、美丑选择、好坏取舍。一个充满正能量的核心价值观，一旦深入人心，为广大民众自觉践行，这个民族、这个国家就会充满正风正气、朝气蓬勃、团结和谐、同心同德、昂扬向上、勇敢无畏、富有创造力和竞争力，使国家文化软实力达到某种极致。反之，如果一个民族、一个国家没有充满正能量的核心价值观，就可能歪风盛行、正气不振、是非颠倒、理想缺失、人心散乱、自私怯懦、死气沉沉、毫无生机和活力，必然使国家文化软实力十分脆弱，不堪一击。可见，核心价值观是文化软实力的灵魂和精髓，能否自觉培育和践行充满正能量的核心价值观是判断文化软实力强弱的根本标准。

（五）文化多样性与核心价值体系一元性的关系

民族是多种的，地域是多类的，历史是多轨的，产生于不同民族、不同地域、不同历史的文化必然是多样的。而作为特定民族、特定国家、特定历史发展阶段的核心价值体系，它不能不受特定的社会政治制度和特定的意识形态影响和制约，则必然是一元的。在古代，由于国际交往和族际交往都比较少，所以文化多样性与核心价值一元性的矛盾并不明显。今天，经济全球化、世界多极化、信息网络化发展迅速，各种思想文化和各种价值观念相互激荡、相互交锋、相互交融，越来越频繁，越来越激烈，因此，世界文化的多样性与各个国家核心价值观一元性的矛盾越来越突出。为了做大做强中国文化软实力，我们既要加强社会主义核心价值体系建设与核心价值观培育，又要敞开胸襟，放开眼界，积极主动地学习与借鉴国外先进文化的有益成果；既要吸收各国先进文化之精髓，又要维护好国家意识形态的安全。总之，既要使多样文化为我所用，又要以我为主，坚持社会主义核心价值体系既定的正确方向。

（六）文化产业发展与文化软实力建设的关系

文化产业具有双重属性，即意识形态属性和商品属性；具有两个效益，即社会效益和经济效益。思考文化产业与文化软实力建设的关系，必须从思考文化产业"双重属性"的对立统一关系和文化产业"两个效益"的对立统一关系出发。文化产品真正能影响人的思想观念、价值取向、情感亲疏、是非判断的，不是文化产品的商品价值和经济效益，而是蕴含在文化产品中的意识形态导向。某种文化产品的意识形态导向积极正确，社会效益就能发挥正能量；如果意识形态导向错误，其社会效益只能发挥负能量。而正负能量的大小，则取决于其商品属性和经济效益。正能量文化产品销售得越多、传播得越广，其社会效益就越好越大；反之，负能量文化产品销售得越多，其社会效益就越坏越糟。可见，意识形态属性和社会效益同文化软实力具有正相关关系，而商品属性和经济效益为文化软实力的传播和扩展提供载体、平台和渠道。因此，发展文化产业，必须始终把社会效益放在第一位，同时也要重视其经济效益。

（七）文化软实力生成的"内环境"和"外环境"的关系

文化软实力发展所依托的"小内环境"，一是指学术领域的队伍状况、学术思潮、学术成果、学术活动、意识形态管理；二是指文化产业的产品规划、产品创作、生产流程、组织管理、市场营销；三是指文化事业宏观布局、微观管理、主题设计、导向把握、人才培养等。文化软实力的"小外环境"则是指国家是否重视学术领域、文化产业领域、文化事业领域，针对这三个领域所出台的法律法规和政策是否配套合理。文化软实力"小内环境"与"小外环境"的各领域、各环节、各要素之间的相互影响的综合，就是文化软实力生成的"大内环境"。而文化软实力的"大外环境"，既包括影响文化软实力发展的国内经济、政治、社会等领域的状况，也包括国际政治格局、经济形势、文化思潮等大环境。总之，研究国家文化软实力必须有宽广的视野和系统的思维，要善于从纷繁复杂的国际国内环境中寻找国家文化软实力发展的最佳战略。

（八）文化软实力基础研究与对策研究的关系

任何学术研究都需要从理论上打好基础，否则"基础不牢，地动山摇"，其他研究难免莫衷一是，各说各话。应用研究是研究的最终目的，所谓"经世致用""古为今用""洋为中用"，落脚都在"用"上。基础理论研究和应用对策研究是相辅相成、辩证统一的。没有基础理论的研究作前提、作指导，任何应用对策研究都可能是盲目的、肤浅的、短视的；但如果只重视基础理论研究，而轻视甚至放弃应用对策研究，那么，这样的研究，对国家、对社会、对人类的进步，显然是无助的。只有二者互助，才能大有作为。文化软实力研究更是如此。约瑟夫·奈的"软实力"观点之所以遭遇众多质疑，就是因为他忽略了基础研究，缺少清晰准确的概念界定，所以容易产生歧义。而约瑟夫·奈的"软实力"概念之所以传播广泛，恰恰是因为它同每个国家制定国际战略的实际需要相联系。中国文化软实力研究要想成为系统科学的理论，并发挥务实管用的智库作用，必须把基础研究和对策研究紧密结合起来。

三、中国文化软实力研究的人本观

分析和评价文化软实力的强弱，无论从国家层面来考察，还是从社会层面来考察，其实都要落实到对人的考察上。即是说，文化软实力最终要体现在人的身上。如果政府离开政府的官员，哪来的政府？社会没有社会的人，哪来的社会？所以，国家和社会的文化软实力，都不可避免地落实在人的文化素质能力上。这就不能不涉及中国文化软实力研究的"人本观"问题——怎么样用"以人为本"的观点来看待文化软实力的生成与其作用发挥？用什么来发挥文化软实力的作用呢？就是用科学的理论武装人、正确的舆论引导人、高尚的精神塑造人、优秀的作品鼓舞人、丰富的智慧启迪人、真挚的情感关爱人、勇敢的品格激励人、和谐的理念团结人。只有文化软实力真正落实到人身上了，才能提高国家文化软实力，实现文化强国的战略目标。

（一）以科学的理论武装人

理论具有系统性、规律性、预见性、指导性。恩格斯说："一个民族要想站在世界之巅，就一刻也不能离开理论思维。"理论事关理想信念，事关价值追求，事关举什么旗、走什么路。就会变成改造世界的巨大物质力量。所以，我们所强调的"科学的理论"主要是指我们党的基本理论，包括马克思列宁主义、毛泽东思想、中国特色社会主义理论体系。中国近现代以来的历史一再证明，马克思主义传入中国后，就使中国面貌日日变新。正是在中国化马克思主义指导下，推翻了帝国主义、封建主义、官僚资本主义，建立了新中国，使中国实现了民族独立、人民解放、社会进步、国家统一；又走上了社会主义道路，实行改革开放，使国家经济建设快速发展，物质财富迅速积累，人民生活显著提高，综合国力明显增强。正是在马克思主义指导下，中国从濒临亡国灭族的危险，经过百年奋斗，看到了中华民族伟大复兴的曙光。马克思主义的科学真理性一再被中国革命、建设和改革的实践所证明。显然，切实用这一理论武装全党、教育人民，提高全民族的理论素养，必然极大地提高中国的文化软实力。

（二）以正确的舆论引导人

舆论即群众的言论，群众的言论事关民心。正确的舆论，与实相符，可正视听，能正确引导民心；错误的舆论，违背事实、颠倒是非、放大局部、恶意炒作，甚至无中生有，必然误导民心。得民心者得天下，失民心者失天下，可见舆论事关人心向背、政权安危。

（三）以高尚的精神塑造人

高尚的精神主要是指道德水平高的精神品格。社会主义核心价值观所涉及的公民个人层面的要求是"爱国、敬业、诚信、友善",这是社会主义核心价值观对公民层次所倡导的道德要求。高尚的精神比核心价值观的倡导要求更高,应当包括精忠报国、无私奉献、诚实守信、一诺千金、善良正直、助人为乐、大公无私、见义勇为等高贵品质。一个民族、一个国家如果充满这样高尚的精神,就会风清气正、昂扬向上、充满光明、充满希望、不可战胜;反之,一个不倡导"爱国、敬业、诚信、友善"核心价值观的民族和国家,没有高尚精神支撑的民族和国家,难免政府形同虚设、社会散乱无序、公民自私狭隘、风气缺诚少信、贫弱无人救助、奸佞横行无阻、正义备受践踏,这样的民族和国家难免一盘散沙、不堪一击,很难自立于世界民族之林。只有以高尚的精神塑造人,使每个人从小就耳濡目染地接受高尚精神的熏陶,使高尚精神成为全社会的自觉尊崇和礼赞,使具有高尚精神的人赢得全民族长久的尊重和敬仰,才能使国家的道德水平不断提升,精神境界不断提升,中国文化软实力不断提升。

（四）以优秀的作品鼓舞人

文学艺术是上层建筑的重要内容,具有比较鲜明的意识形态属性。文学艺术作品主要包括影视戏剧、小说、诗歌、散文、音乐、绘画、雕塑、工艺等。文学艺术作品的软实力虽然不像哲学社会科学理论那样更直接、更深刻、更具动员力,但其更柔更软,更具渗透性、更易普及、更能传之久远。但文学艺术作品的导向有正确与否之判,水平有高低之别,影响有好坏之分。优秀的作品主要是指思想性、艺术性俱佳的文学艺术作品,能够陶冶情操、升华品格、鼓舞士气、凝聚人心、引领风尚。导向正确、主题鲜明的优秀文学艺术作品,对人的理想信念的形成、品德情操的熏陶、气质素质的塑造、精神毅力的锻造具有潜移默化、润物细无声的长久功效,影响是深远而巨大的。导向错误、主题含糊的文学艺术作品,容易使人思想困惑、意志消沉,甚至在世界观、人生观、价值观上发生扭曲。简单、粗糙、低质的文学艺术作品,虽然无害,但很难在人的心灵深处留下印迹,很难激发人的斗志,陶冶人的情操,鼓舞人上进。所以,只有创作更多的人民群众喜闻乐见的优秀文学艺术作品,才能使中国文化软实力增添更广泛、更深厚的源泉。

（五）以丰富的智慧启迪人

智慧是指辨析判断、发明创造的能力。丰富的智慧主要是指辨析精深、判断精准、善于发明、敏于创造的能力。只有具备丰富的智慧,才能足智多谋、远见卓识、运筹帷幄而决胜千里,才能掌握科学方法、善于发现规律、创新运作技巧，才能敏锐判断形势、深刻把握现实、科学预见未来、不断推陈出新。反之，如果缺乏智慧或智慧肤浅，则不可能具备深刻的战略眼光，不可能掌握科学的思维方法，不可能具备巧妙的操作能力。一个民族要想站在世界之巅，在国际竞争中处于不败之地，仅有勤劳、勇敢和善良是不够的，必须拥有丰富的智慧。否则，面对风云变幻的国际形势，面对尖锐严峻的安全挑战，面对"你中有我，我中有你"得失难辨的经济全球化，面对日新月异的科技进步，面对综合国力的激烈竞争，我们难免吃亏上当打败仗。所以，只有以丰富的智慧启迪人，提高全民族的智力素质，我们才能不断做强中国文化软实力。

（六）以真挚的情感关爱人

真挚，是指真诚恳切的态度。情感，是指人接受来自客体刺激或影响而产生的心理反应的外在表现，如：喜欢、愤怒、悲伤、哀愁、开心、恐惧、害羞、爱慕、厌恶、嫉妒、仇恨等。关爱就是关怀和爱护。这里所说的"人"应当是大写的人、复数的人、人民群众的人。"以真挚的情感关爱人"就是用真诚、恳切、实实在在的态度，去关怀、爱护和帮助人民群众，喜其所喜、怒其所怒、爱其所爱、恨其所恨、忧其所忧、想其所想、求其所求，诚心诚意地帮助人民群众解决困难，而且要主动热忱、雪中送炭、发自内心、任劳任怨。果真如此，广大人民群众对我们的国家，对我们的民族，对我们的社会必然增强归属感、认同感；我们国家、我们民族、我们社会的凝聚力和向心力必然大大增强。反之，如果党员干部不关心人民群众的冷暖疾苦，每个人又都自私自利，"各人自扫门前雪，不管他人瓦上霜"，或者只是虚情假意地装样子、作秀，人民群众就会对我们的党和政府失望，归属感和认同感必然逐渐丧失，我们这个国家、这个民族、这个社会的凝聚力和向心力就会大大削弱。只有坚持以真挚的情感关爱人，中国文化软实力才能不断增强。

（七）以勇敢的品格激励人

勇敢是人类最宝贵的品格之一。勇敢始终与发展相伴、与创造相伴、与成功相伴、与忠诚相伴、与正义相伴、与胜利相伴。没有勇敢，人类就不能战胜野兽和恶劣的环境，就不能从茹毛饮血的蒙昧野蛮状态走向原始文明阶段并不断繁衍；没有勇敢，人类就不可能逐步战胜各种自然灾害而推动经济发展；没有勇敢，人类就不可能登上一座座科技高峰；没有勇敢，人类就不可能在体育竞技中突破一个个运动极限；没有勇敢，民族和国家面对强敌入侵就不可能捍卫自己的独立与尊严；没有勇敢，我们就不可能制服气焰嚣张的暴力恐怖犯罪分子；没有勇敢，我们就不可能坚持真理、主持公道、伸张正义；没有勇敢，我们就不可能解放思想、创新观念、打破常规、与时俱进。一个畏惧对手、回避困难、不敢面对挑战、胆小怕事、唯唯诺诺、挺不直腰杆的民族和国家，是不可能赢得国际尊重而自立于世界民族之林的；一个不敢坚持原则、不敢坚持真理、不敢主持公道的社会，是不可能有真正的自由、平等、公正、法治的；一个不敢想、不敢说、不敢做的人是不可能有任何发明创造的，也不可能在任何竞争中脱颖而出、领先对手。可见，勇敢的品格是文化软实力中最硬的要素。只有以勇敢的品格激励我们整个民族，才能使国家更有骨气和底气，才能使中国文化软实力更强大。

（八）以和谐的理念团结人

"和谐"原本是指彼此配合适当和默契的一种关系和状态。现在，"和谐"已经成为中国政治的一个重要理念。对内，要构建和谐社会；对外，要构建和谐世界。"和谐社会"是指以"民主法治、公平正义、诚信友善、充满活力、安定有序、人与自然和睦相处"为标准的社会。这种"和谐社会"是一种分是非、讲法制、求团结、有秩序的和谐，绝不是不讲原则、不分美丑、各行其是、一团稀泥的和谐。"和谐世界"是指构建"和平、发展、合作、共赢"的新型国际关系。这种"和谐世界"反对国家间恃强凌弱、干涉内政、剥削掠夺，而主张共享尊严、共享发展、共享安全，共同应对问题和挑战，变压力为动力，化危机为生机，谋求合作安全、集体安全、共同安全，按照亲、诚、惠、容理念处理好四邻关系。"和谐社会"可以使国人弘扬正气、团结友爱、奉公守法、充满朝气，增强凝聚力和竞争力。"和谐世界"可以使世界各国相互理解、求同存异、共同负责、共同发展；使国际社会进一步看清中国既坚决维护中国的核心利益，又坚持走和平发展道路，有利于树立中国主持公道的负责任的世界大国形象。总之，"和谐理念"有利于中国在国内外同时增强文化软实力。

四、中国文化软实力思维下的主要问题

（一）核心价值体系建设和核心价值观培育与中国文化软实力

核心价值体系和核心价值观是文化的精髓、民族的灵魂、国家前进的方向。社会主义核心价值体系的内容主要包括：马克思主义指导思想、中国特色社会主义共同理想、以爱国主义为核心的民族精神和以改革创新为核心的

时代精神、社会主义荣辱观。社会主义核心价值观是社会主义核心价值体系的集中体现，它所倡导的内容主要包括：富强、民主、文明、和谐；自由、平等、公正、法治；爱国、敬业、诚信、友善。这一核心价值观，蕴含着实现中国梦的理想信念、人类发展共同的文明成果、中国优秀传统文化的精华。因此，它也是中国文化软实力最有价值的核心、基石与灵魂。软实力的灵魂与经纬是文化，文化的精髓是价值观，核心价值观则是其他一切价值观的统帅并制约其他一切价值观的导向。因此，社会主义核心价值体系建设与社会主义核心价值观培育是中国文化软实力最根本的任务。

（二）中国化马克思主义与中国文化软实力

中国自宋明理学以来，以儒家文化为主要内容的传统文化日渐僵化，沦为统治阶级驭民的工具，观念封闭、思想保守、社会沉闷，成为鸦片战争清朝惨败的深层原因，乃至到 19 世纪末 20 世纪初，中国面临亡国灭族的危险。马克思主义传入中国之后，中国革命面貌为之一新，中华民族命运为之一新。马克思主义之所以有如此功效，就是因为中国共产党不断把马克思主义同中国实际相结合，不断实现马克思主义中国化。马克思主义中国化的过程，就是马克思主义在中国不断接地气、适应中国国情、和中国实际相结合的过程。在这个历史进程中，先后实现两次大的理论飞跃，产生了中国化马克思主义两大理论成果，即毛泽东思想和中国特色社会主义理论体系。没有这两大理论体系的指导，中国就不能实现民族独立、人民解放、社会进步、经济发展、文化繁荣、人民生活改善、综合国力增强、国际地位提高、中华民族伟大复兴。中国化马克思主义既是当代中国文化的创新成果，又是中国发展进步的指导思想，是中国文化软实力居于指导地位的文化。因此，马克思主义中国化的过程也是中国文化软实力不断发展的过程。

（三）中国特色社会主义与中国文化软实力

中国特色社会主义是在改革开放历史条件下中国化马克思主义指导中国实现中华民族伟大复兴的具体形态，主要包括道路、理论体系和制度三个方面。中国特色社会主义道路，就是在中国共产党领导下，立足基本国情，以经济建设为中心，坚持四项基本原则，坚持改革开放，解放和发展社会生产力，建设社会主义市场经济、社会主义民主政治、社会主义先进文化、社会主义和谐社会、社会主义生态文明，促进人的全面发展，逐步实现全体人民共同富裕，建设富强、民主、文明、和谐的社会主义现代化国家。中国特色社会主义理论体系，就是包括邓小平理论、"三个代表"重要思想、科学发展观以及习近平一系列治国理政思想在内的科学理论体系，是对马克思列宁主义、毛泽东思想的坚持和发展。中国特色社会主义制度，就是人民代表大会制度、中国共产党领导的多党合作和政治协商制度、民族区域自治制度以及基层群众自治制度等基本政治制度，中国特色社会主义法律体系，公有制为主体、多种所有制经济共同发展的基本经济制度，以及建立在这些制度基础上的经济体制、政治体制、文化体制、社会体制等各项具体制度。中国特色社会主义道路是实现途径，中国特色社会主义理论体系是行动指南，中国特色社会主义制度是根本保障，三者统一于中国特色社会主义伟大实践。这个伟大的实践越来越证明，实现中华民族伟大复兴，中国特色社会主义道路是必由之路，其理论是必循之理，其制度是必守之制。我们必须坚持对中国特色社会主义的自信，正是这种坚持和自信，才使中国文化软实力越来越强大，因为中国特色社会主义是中国文化软实力的主体内容。

（四）中国教育格局与中国文化软实力

教育领域是传播文化、培养人才的领域。自古以来，教育的功能是传道、授业、解惑。所谓传道，即教育学生做人做事的道理，学会如何对待自己、如何对待别人、如何处事、如何对待国家与社会，实际上就是进行世界观、人生观、价值观的品德教育；所谓授业，就是教给学生文化知识和专业技能，掌握报效国家、服务社会、安身立命的本领；所谓解惑，就是帮助学生掌握正确的分析鉴别方法，澄清模糊不清、容易产生困惑的疑难问题。由此可见，教育领域是决定文化软实力基础是否扎实、人才储备是否充足、潜力是否巨大、可持续发展是否有保证的最主要的领域。当前，中国的教育虽然从发展规模和硬件建设方面取得长足进步，但尚存在很多问题亟待解决。一是应试教育妨碍学生的素质全面提升，使学生的创造能力不强；二是教育产业化，大大降低了教育的质量，且损害了"有教无类"的教育公平原则，使贫困地区的孩子失学率很高；三是教育收费问题严重，使国家普及教育政策难以落实，落后于许多欠发达国家，社会主义制度的优越性在这里大打折扣，使学生家长对党和政府的向心力大大削弱，也必然削弱中国文化软实力。教育强，则文化软实力强。为了做强中国文化软实力，必须扎扎实实搞好教育，切实解决好教育领域比较突出的现实问题，夯实文化软实力的基础。

（五）中国新闻传播与中国文化软实力

新闻传播事关舆论导向和思想文化宣传质量。新闻传播影响社会心理、影响群众情绪、影响是非判断、影响人心向背、影响党政决策。特别是在互联网迅猛发展的背景下，新闻传播以惊人的深度和广度影响着经济社会生活，深刻改变着舆论生成方式和传播方式，改变着媒体格局和舆论生态。谁掌握了网络的制高点，谁就掌握了网络舆论话语权，谁就能够掌握引导社会经济政治发展的主导权。可见，新闻传播是左右文化软实力发展方向和势能强弱的导向器和制衡器。由于新闻传播具有鲜明的党性和人民性，所以，为了做稳做强中国文化软实力，必须坚持党管媒体不动摇，坚持马克思主义新闻观，牢牢把握正确方向，大力弘扬一切有利于坚定共同理想、凝聚奋进力量的思想和精神，发挥正面宣传鼓舞人、激励人的作用；必须提高正面宣传的质量和水平，在真实可靠上动脑筋，在入脑入心上下功夫，让群众喜欢听、愿意看、能共鸣；必须把网络舆论工作作为重中之重抓好，掌握网络传播规律，改进网络传播方法，发展健康网络文化，形成网络舆论强势。在坚持正面宣传为主的同时，积极开展有理有利有节的舆论斗争。在事关大是大非和政治原则问题上，决不能似是而非、模棱两可，更不能沉默失语、没有声音。要敢抓敢管，有力批驳错误思想观点，帮助干部群众划清是非界限，澄清模糊认识；要加强阵地意识，加强阵地管理，不给错误思想提供传播渠道。这是做强做大中国文化软实力的一项要务。

（六）中国思想政治教育与中国文化软实力

思想政治教育是中国共产党长期坚持对党员干部、青年学生和人民群众所开展的一种意识形态工作。党政组织、军队、机关、学校、厂矿企业、社团组织要用一定的思想观念、政治观点、道德规范、历史知识，对特定群体进行世界观、人生观、价值观教育，进行有目的、有计划、有组织的思想观念提升、转变和引导。思想政治教育包括：理想信念教育、马克思主义唯物论和科学精神教育、社会主义核心价值体系教育、党的基本知识和形势政策教育、民主法制教育、社会主义道德教育、爱国主义教育等，目的是使受教育者坚持马克思主义指导思想，坚定中国特色社会主义理想信念，热爱祖国，关心集体，团结同志，做文明礼貌、遵纪守法、品德高尚、自觉回报社会的好党员、好干部、好青年、好公民。思想政治教育的重点对象是当代中国大学生，能否对当代中国大学生群体开展入耳、入脑、入心的思想政治教育，事关中国的长治久安，事关中国的前途命运，事关未来中国人的精神风貌。因为当代中国大学生是未来中国各界的主力，未来中国政界、商界、军界、科技界、社科界、文艺界的精英骨干都在当代中国大学生中。只有成功地对当代中国大学生进行思想政治教育，未来的中国各界精英才能具有正确的政治方向和理想信念、勇敢无畏的意志品格、深厚扎实的理论素养、自省自励的道德情操、忠于祖国和报效人民的自觉坚守。中国文化软实力最终要体现在中国人的精神品格和智慧上，既要体现在当代中国大学生身上，更要体现在当代中国大学生未来的思想言行中。可见，对于中国文化软实力来说，思想政治教育功在当代，利在千秋，关乎长远。

（七）中国文学艺术与中国文化软实力

作为观念形态的文学艺术作品，源于社会生活，高于社会生活，又能反过来影响和引领社会生活。同时，文学艺术同其他社会意识形态相互影响、相互渗透。文学艺术作品的思想内容不可避免地受到政治、法律、道德、宗教和哲学等意识形态的影响；反过来，文学艺术又因其生动形象感染人的功能常常被用作传播其他社会意识形式的工具。人类的生活实践领域有多宽广，文学艺术题材就有多宽广，文学艺术的欣赏群体就有多宽广。因此，文学艺术作品是最易传播、最易被人们接受的社会意识形式。优秀的文学艺术作品，能以高尚的品德、深刻的智慧、感人的情操、远大的理想、顽强的意志、英雄的壮举感染人，教育人，熏陶人，陶冶人，启迪人，改造人，推动社会进步和历史发展。一定社会历史阶段的文学艺术发展状况，是该时代精神文明和思想智慧发展水平的重要标志之一。同时，文学艺术作品，不像政治思想理论具有硬性的、鲜明的、容易引起尖锐对抗的意识形态属性，而容易在相互欣赏中被其他民族和国家所接受。因此，文学艺术作品也是一个民族、一个国家文化软实力最柔软、最持久、最富韧性、最有魅力的组成部分。中国文学艺术与中华民族历史息息相关，有独具特色的魅力，只要本着思想性、艺术性、观赏性俱佳的标准，大力发展中国文学艺术，就能更好地在提升文化素养中增强民族凝聚力、创造力、竞争力，让世界更好地认识中国、理解中国、热爱中国，这是提高中国文化软实力的不竭之源。

（八）民主法治建设与中国文化软实力

"民主"遵循多数人拥有决定权同时尊重个人与少数人权利的原则，奉行容忍、合作、妥协、寻求共识的价值观念。民主的宗旨是维护言论和宗教自由等基本人权，维护法律面前人人平等的权利，维护人们组织和充分参与社会政治、经济和文化生活的权利。"法治"包含形式意义的法治和实质意义的法治。形式意义的法治，主要指建立健全法律规章制度、体制机制依法治国的方式；实质意义的法治，强调"法律至上""法律主治"，强调"以法治国""依法办事"的原则和理念。形式意义的法治与实质意义的法治相辅相成、缺一不可。民主与法治是辩证统一、相互制约的关系。发展民主必须健全法制，否则就会无法无天、乱象环生。某些无政府主义者常利用"民主"的概念宣扬绝对的自由化，因此要加强法制建设，使民主制度化、法律化，为市场主体提供行为准则。健全法制必须以完善民主制为前提，确保多数人的权利得到维护，否则所谓法治会变成少数人的专制。只有人民当家做主，才能制定出符合人民群众要求和期望的法律，才能坚持"有法可依、有法必依、执法必严、违法必究"的依法治国的基本方针，人人享受公正的法律保护，确保在法律面前人人平等，任何人都没有特权。显然，民主法治可以促进社会的公平正义，既能保持社会安定有序，又能使社会充满生机和活力。这样的制度必然能增强政府的公信力，体现中国特色社会主义民主政治制度的优越性和吸引力，进而提高中国文化软实力。

1. 全面推进依法治国，促进小康社会与民族复兴伟业达成

全面建成小康社会时有四个法治标准：一是依法治国方略全面落实；二是法治政府基本建成；三是司法中心不断提升；四是人权得到切实尊重和保障。这四个全面建成小康社会的法治标准，其实也是法制保证。如果国家法制不健全、政府不依法行政、法律的权威得不到保证、公民的权利不能落实，即便人们的经济生活水平提高了，社会也难免缺少公平正义，这样的小康是不全面的。全面小康都不及格，何谈实现中华民族伟大复兴"中国梦"？中华民族伟大复兴，需要在新的基础上推进中国经济、政治、文化、社会、生态、党建、国防建设现代化，需要中国特色社会主义七位一体规范有序、协调发展。只有法治才能消除这七个领域的违法滥象。这就是为什么说法治在一个国家发展现代文明进程中发挥决定性的作用。可见，全面依法治国对于一个国家的富强、文明、民主具有非常重要的意义。任何国家的发展都需要两种力量，其一是物质硬实力，其二是文化软实力，二者缺一不可。从某种意义上说，文化软实力更重要，因为没有文化软实力的硬实力肯定是低水平的。法治文明、政治制度文明是文化软实力非常重要的组成部分，所以，只有全面依法治国，才能全面推进小康社会建设和中华民族伟大复兴"中国梦"的实现。

2. 全面推进依法治国，推动全面深化改革和治理现代化

全面推进依法治国，既是全面深化改革的法律保障，也是推进国家治理体系和治理能力现代化的一个重要组成部分。如果没有法律的保障，合理的改革很难克服违法的阻力，甚至有人会打着改革的旗号推销违法的私货。因此，每项重大的改革都必须有法治作保障、来引领。例如，行政审批制度改革的目的是简政放权、提高效率，但是，如果不对法律做必要的修改和调整，那就会引起法律和改革之间的矛盾和冲突。这就决定了，治理体系和治理能

力现代化，必须把法制改革纳入其中。例如，一方面符合法律的政策改了，另一方面与之相适应的法律也必须修改；有违法律的政策，则必须按照符合法律要求的方向去改革。法治和改革之间是密切互动的关系，法治总是要为全面深化改革保驾护航。也只有这样，我们的治理体系和治理能力才能够越来越成熟，越来越符合法治化的要求。任何国家治理制度、治理体系的完备，都是以法治的形式来体现的，离开法治就不可能形成完善的治理体系和治理能力的现代化。

3. 全面推进依法治国，提升党的执政能力和执政水平

我们党在历史上历来重视思想建设、组织建设、作风建设，这是我们党的优势所在。后来我们党又提出制度建设，特别是改革开放以后，党中央关于党内法规和规范性的文件非常多。在去年，还专门发布了党内法规体系、党内法规的制定条例和党内规范性文件的备案办法，我们俗称"党内的立法"。这说明我们党在执政方面发生了变化，更加注重用法治的方式治国理政，更加注重发挥法治在国家治理和社会管理中的重要作用，也更加依靠法治来提升我们党执政的能力、治国理政的能力。党的十六届四中全会提出关于加强党的执政能力建设的问题，首次提出了依法执政的概念，同过去提出的依法治国和依法行政相呼应。这就意味着，国家要依法治国，执政党要依法执政。

4. 全面推进依法治国，保障民生和维护社会公平正义

国家刚刚提出依法治国的时候，很多人对这个概念的理解还是比较模糊的，还不能够准确完整全面地理解。诸如"法大，还是党大？"之类的困惑接踵而来。中央提出了依法治国后，很多地方就开始提出各类依法治理的口号，包括依法治省、依法治市、依法治县，有的地方还提出依法治村、依法治家，各行各业也提了很多的口号。应当说，这些口号没有错，但有些失之片面。许多人认为这个法治是管老百姓的。其实，强调法治，对官对民都是同等的，老百姓要守法，领导干部更要守法。尤其是领导干部，因为他们手中有权，一旦不守法，比普通老百姓违法的危害更大。所以法治的核心不是治老百姓，也不是治领导干部；而是要体现"法律面前人人平等"。强调制定良好的法律，全社会都要无条件地遵行；强调法律至上，强调程序正当，强调规则，强调人人遵法守法，一切依法行事，以法治取代人治。任何领导干部的权力都要受到制约，所有老百姓的权利得到维护，社会公平正义得到伸张，社会主义核心价值观得到弘扬。

（九）中国民族政策与中国文化软实力

中国是个多民族国家，各民族的历史沿革、语言文字、生活习俗、教育

水平、宗教信仰、经济发展等方面存在着差异，有些差异非常明显。由于历史的原因和国际敌对势力挑唆的原因，一些民族的一部分人在国家认同和民族归属方面存在相当程度的模糊认识，容易引发一些不利于国家统一和民族团结的错误倾向。为了增强各民族的凝聚力和国家的向心力，国家已经制定和实施了正确的民族政策：强调中国境内每个民族都是中华民族大家庭的平等一员，在国家社会生活的一切方面都依法享有相同的权利、履行相同的义务，反对一切形式的民族压迫和民族歧视。鼓励各民族加强团结、平等相待、友好相处、互相尊重、互相帮助。在少数民族聚居的地方实行民族区域自治，设立自治机关，行使自治权，使少数民族自己管理本自治地方的内部事务。实行民族区域自治，有利于把国家的方针、政策和少数民族地区的具体实际结合起来，有利于把国家的发展和少数民族的发展结合起来，发挥各方面的优势。在经济上，为加快少数民族和民族地区的发展，国家还采取了以下三项措施：一是实施西部大开发战略。这一战略使得少数民族地区享受西部大开发优惠政策的待遇。二是开展"兴边富民行动"。在少数民族地区加大基础设施建设力度，大力培育县域经济增长机制，增强自我发展能力，努力提高人民的生活水平。三是重点扶持人口较少民族的发展。大力培养少数民族干部，全面提高少数民族干部的素质。在坚持德才兼备原则的前提下，同等条件优先选拔和使用少数民族干部，使少数民族干部在各级党委、政府、人大和政协等领导班子中占有适当比例。积极支持和帮助少数民族发展教育事业，重视民族语言教学和双语教学，在经费上给予特殊照顾，积极开展内地省市对少数民族地区教育的对口支援等。扶持和帮助少数民族发展文化事业，组建民族文化艺术团体，培养少数民族文艺人才，繁荣民族文艺创作。尊重少数民族的风俗习惯，包括少数民族的饮食习惯、年节习惯、婚姻习惯、丧葬习俗、宗教信仰，在大众传播媒介中，防止侵犯少数民族风俗习惯的事情发生；也尊重少数民族改革自己风俗习惯的自由。

第五章　文化治理现代化：国家文化软实力提升的现实依据

"文化治理模式"创新作为国家"软实力"的主要构成部分，已经成为可持续发展的直接动力。发达国家的核心竞争力在某种意义上说是在谋求一种"影响他国意愿的能力与无形的权利资源，如文化、意识形态和政治制度等领域的力量"。面对全球化的新挑战，中国新一轮深化改革必须从民族文化核心价值重构的意义上进行"文化治理模式"创新，这是一项复杂而巨大的社会系统工程。

第一节　文化治理的协同效应：文化整合力

文化的社会治理功能，体现在整合观念价值，增进社会认同，化解矛盾冲突，进而优化社会治理上。在社会生活中，存在着不同阶级、阶层、集团和群体，必然存在着不同的利益诉求与目标差异。在这种情况下，社会冲突是必然的。社会治理需要对各种冲突进行整合。所谓社会整合，就是调整、协调和消解社会中不同因素之间的矛盾和冲突，使社会各子系统及其要素实现一体化的过程，目的是保持社会的和谐有序，防止社会结构的各个部分因缺乏协调性而失控，引起整个社会的混乱无序和动荡不安。社会整合是民族团结和社会秩序的基础，它使处于不同社会地位、有着不同利益需求、有着多种社会角色的个人和团体形成共同的目标追求。社会治理面临的课题就是如何在多样和多元价值之间保持合理张力，在多变性和波动性中寻求平衡。只有将社会的思想观念整合起来、凝聚起来、集中起来，形成合力，才能实现社会的有序发展。当代中国社会正处于由传统农业文明向现代工业文明的社会转型时期，这是一个非常复杂的时期。之所以说它复杂，是由于它除了具有一般同样转型时期的特征以外，还具有许多独特的历史背景和文化环境。文化在社会治理中的整合功能，就是通过思想文化的聚合作用和统领作用，对社会价值、社会规范和社会结构的影响、制约与凝聚，从文化、观念甚至利益方面对不同的社会主体进行整合，使公众具有了共同的价值观，形成个体对共同体的认同感和归属感，从而使社会具有很强的凝聚力，以达成一种行动上的协调优化，促进社会的和谐发展。

一、文化治理对社会价值的整合

价值整合是文化整合功能中最基本、最重要的功能之一。社会是由社会成员即个人所组成的，而个体人都有自己的思想、意志、追求、立场，个体的社会活动的方向和目的也各不相同，根本在于人的价值取向各异。这些价值取向如果趋同，将促进社会发展；这些价值取向如果分离，将带来行为冲突。这就需要在社会治理中对各种价值取向进行整合，最大限度地让个体顺应主流的方向，促使价值目标形成共识，这样才能带来社会结构与行为的协调，才会有共同的和谐稳定的社会生活。"在群体内部对共同价值的认同是维护一个群体稳定的必要条件，在群体之间对一些价值的相互认同是进行对话、达成共识的先决条件。"一般来说，价值认同可以划分为自愿型价值认同和强制型价值认同两种形式。自愿型价值认同是人们出于自我需要而对某种价值体系所产生的认同；强制型价值认同是人们在外在强制力作用下对某种价值体系所产生的非自愿认同。自愿型价值认同是人们自我意识的结果，它具有相对的稳定性，一旦人们自愿认同某种价值体系，就会形成强大的社会凝聚力，对社会稳定产生积极作用。强制型价值认同是人们非自我意识的结果，具有一定的不稳定性，由于它是强制力作用的后果，因此，即使人们产生了对某种价值体系的认同，也是暂时的，不可能形成强大的社会凝聚力，对社会稳定的作用也是有限的，其隐藏着破坏社会秩序的消极因子。因之，整合社会成员的价值观，就要在两个方面。一是通过组织约束和制度强制，规定一定的界限；二是通过发挥文化的价值整合功能，使社会成员能够把自己的价值追求与社会价值理想相一致，进而认同社会价值理想。文化作为一套完整的思想观念和信仰体系，往往体现着对社会价值观的整合方向。在思想意识和价值观念多样化的现代社会，社会的和谐要求社会具有稳定的主流意识形态和道德秩序，没有和谐宁静的心灵精神秩序，就不可能有真正持久的、和谐的社会生活秩序。当社会成员的行为与社会主流价值观所倡导的发生偏离时，通过文化影响社会成员的心理，进而影响其价值观念，使其自身的人生观和价值观与社会大众所共有的以及社会所倡导的价值趋于一致并保持同步，从而起到对其行为进行规范的作用，维持社会秩序稳定，促进社会发展。如果文化的社会价值整合功能得到较好发挥，就能够把分散而相近的社会意识形势转化、整合起来，把异质而对立的意识形态进行批判、吸纳、分化或销蚀，把未建立或未完善的观念形式意识形态化，从而使文化成为有聚合力、有统摄力的社会治理方式。

二、文化治理对社会规范的整合

社会治理中，社会制度和社会规范是建立社会秩序的基础，对于社会构成要素的管理非常重要。而文化蕴含的社会规范、礼仪制度均是维系社会秩序所需的软手段。每一个社会，在政治、经济、社会等各个不同领域都有着多重的制度规范，而要实现各种制度规范间的统一、协调，文化在其中发挥着重要作用。社会治理中，不仅要靠社会法律和制度等"刚性制度"，还要靠社会意识形态及道德伦理等"柔性制度"。文化对社会制度和规范的整合主要体现在三点。

第一，通过文化整合，使各种社会规范系统化、协调化，避免规范间的内部冲突。由于不同领域的制度规范之间总是有区别的，因此各有其发展目标与体系。如经济制度主要以效率为中心，以经济效益的好坏作为衡量其制度是否有效的标准。在政治制度中，则以权力为重点，以对权力的维护和监督来作为政治活动的根本。而法律制度则以秩序为重点，突出维系社会秩序的要求。由于各项制度规范的重心和内容不同，其之间会有一定的矛盾和冲突，如公正与效率的矛盾、自由与秩序之间的冲突，这就需要文化在其中发挥调节作用，在各项制度中寻求平衡点，以使矛盾和冲突处于合理的秩序之中，防止矛盾的激化。可以说，规范因价值需要而产生，因文化的整合而系统化和协调一致。

第二，通过文化整合，对已有的社会规范辨优析劣，实现对规范的修补、完善与创新。规范是人们对在实践中被反复证明为合理的、科学的和有效用、有价值的经验加以总结、提炼、概括而形成的，它既是人们过去行为的总结，也是人们未来行为的向导。文化作为一种群体性的社会价值，为衡量和评价社会存在与社会现象提供了一个相对确定的价值标准，以此为标准，也可以用来辨析社会规范的好坏优劣。根据基于文化形成的价值评价标准，对于不良的社会规范，会主张弃之不用或改革重构；对于良好的或较好的社会规范，会主张对其进行去弊增利的修补完善；对于适应社会现实和社会发展的好的社会规范，则会主张在没有更好的替代规范出现之前继续保留适用。文化不仅能对已经启用的社会规范进行辨析优化，而且还能在设计社会规范时，对各种规范设计方案权衡利弊，选择最优方案。

第三，通过文化整合，形成一种制度文化，并使制度文化内化为个人的行为准则。制度文化是人类为了自身生存、社会发展的需要而主动创制出来的有组织的规范体系，是文化层次理论要素之一。制度的执行主要通过两方面的途径：一是通过某种外在的力量（强制的或激励的）促使行为者服从，二是通过行为者的认可、赞同、自觉的追随等内在的力量使行为者服从。文化规范功能的实现主要是通过形成一种特定的文化氛围来规定或引导着个体的行为，通过某种功效性的诱导促使个体完成社会化的过程。它往往是通过人们的需要能否得到满足、需要得到满足的程度来告诉人们应该做什么、不应该做什么，应该怎样做、不应该怎样做，怎样做有好处、怎样做没有好处等。文化对于个体行为的规范和制约作用首先表现在，文化是满足人的各种需要的价值规范体系；进而，还表现在，文化提供了特定时代公认的、普遍起制约作用的个体行为规范体系。这一行为规范体系带有某种外在的强制性特征，它在任何时代对于共同体的稳定和个体在给定的共同体中的生存都是十分重要的。

三、文化治理对社会结构的整合

社会结构通常是指一个国家或地区占有一定资源、机会的社会结构组成方式及其关系格局，包含人口结构、家庭结构、社会组织结构、城乡结构、区域结构、就业结构、收入分配结构、消费结构、社会阶层结构等若干重要子结构。社会结构的整合就是社会领域的各个因素以及社会各个个体之间合力机制的完善。社会的异质性愈强，分化的程度愈高，多元结构愈复杂，社会整合的需求就愈重要。

一方面，通过文化实现对社会阶层结构的整合，使社会成为一个协调运行的功能体系。社会阶层结构是社会结构中集中反映其性质与合理化程度的部分，也是社会结构中最重要、最核心的结构。改革开放以来，我国社会阶级阶层结构发生了很大变化，从传统的工人阶级、农民阶级、知识分子阶层的两阶级一阶层的简单结构，孕育出一批新的社会阶层，促进了社会结构的分化重组。社会结构的分化必然导致社会资源在社会成员间的重新分配以及社会原有利益格局的重构，在新旧格局的交替中很可能产生不稳定，正如亨廷顿所言，现代性孕育稳定，而现代化过程却滋生动乱，现代化增加了传统群体内部、传统群体与现代群体之间，以及现代群体内部的矛盾冲突。这种冲突，并不是社会结构分化本身所造成的，而是由于分化所产生的新的利益群体及利益要求与旧的制度安排以及新旧体制并存对立的矛盾所导致。为消解这种冲突，国家可以运用经济和政策的手段来引导社会阶级阶层结构的优化；更加需要发挥文化的功能，国家通过扶植集体意识，输送平等、公平等价值来实施对社会的精神引导，并有意识地通过利益分配格局的调整防止各阶级阶层之间经济社会地位差距的扩大和社会结构内部流动性的停滞，促进社会阶层结构的稳态发展。

另一方面，通过文化实现对社会组织结构的整合。社会是复杂并多元的，是由众多彼此区别但又紧密联系的因子和单位组成。这些组成元素，都具有自己的特性和功能，但他们的运行又必须同其他元素相互作用和联结，才能影响到整个社会的运行。而文化特别是制度文化，能通过制定统一的行为规范，合理公正地分配权利义务，确定解决利益矛盾的方式，来避免和化解相互间的冲突，从而使社会组织实现从无序到有序、从摩擦到协调、从分散到凝聚的转变，促使社会组织规范、有序地运行，形成一个结构合理、配置优化的系统。当社会组织机构不合理或运转失灵时，文化可以自动进行调节；当社会组织的行为有悖于社会道德规范时，它可以自动加以监督和矫正。不仅如此，文化观念中的和谐、友善、互助、团结等理念，还能在此基础上进一步提升社会组织的和谐境界，使社会组织成为各种行为主体、社会力量互动互利、共生共荣的整体。

第二节 文化治理的展现渠道：文化传播力

众所周知，文化源于交流和传播，文化并不是僵死的、固化的、静止的，流变性和开放性是其重要的特征，在现实的文化世界中，具有强大生命力和创造活力的文化形态或文化模式，对于其他文化就具有重要的影响作用，这就是文化传播力。文化传播力是一种文化传播到达受众、影响社会的能力，是文化通过各种传播方式的组合并进行扩散，导致产生尽可能好的传播效果的能力。文化的生命力是依靠传播来体现的，没有传播就没有文化的生命力。文化传播力是衡量国家软实力和影响力的重要因素。对当代中国而言，大力提升文化传播力，具有更现实的紧迫性和更强烈的必要性。

一、提升文化传播力的意义

提升文化传播力，是增强我国文化软实力，促进我国社会主义文化大发展大繁荣的必要途径。一国的兴衰，除了取决于它的硬实力，还取决于它的软实力。软实力是相对于经济发展、科技进步、军事存在等有形硬实力而言的，是一个国家和民族在意识形态和文化领域等方面的吸引力，主要包括制度影响力、意识形态影响力、外交影响力以及文化影响力四个方面，其中文化影响力是最重要的环节。提升文化传播力，是增强国家文化软实力的重要途径，要充分利用各种传播手段和媒介优势，提高社会主义先进文化辐射力和影响力，推动社会主义文化的大发展大繁荣。

提升文化传播力，是推动我国经济社会高效快速发展，提高人们精神文化生活水平的必要手段。文化是推动经济发展的重要手段，是促进社会进步的重要力量，是凝聚人心的精神纽带，是关系民生幸福的动力支持。从文化传播的价值来看，它具有意识形态和经济价值的双重属性，不仅可以创造巨大的经济价值和社会价值，有效促进经济增长与社会发展，而且能够增加就业机会，最大限度发挥引导社会、教育人民、推动发展的功能。提升文化传播力，可以增强社会主义文化吸引力，提高民族凝聚力，推动经济和社会发展，丰富人民群众精神文化生活。

二、提高文化传播能力和水平的渠道

改进话语方式。加强新时代文化传播，要立足鲜活的中国特色社会主义实践，贴近中国和世界发展实际，深入研究人民群众的心理特点和接受习惯，既增强内容的吸引力和影响力，又促进传播话语大众化。善于运用人民群众容易接受的方式、喜闻乐见的话语，增强语言的人文情怀，让人民群众愿意听、听得懂、听得进。加强对时尚语言、网络语言等的引导转化，消化吸收顺应时代潮流、体现时代特征、反映时代精神、回答时代课题的话语，促进主流话语创新发展，充分展示中国特色社会主义文化的价值追求和独特魅力，展现中国特色社会主义文化的长处、美处和精华之处。

优化传播形态。随着信息技术快速发展，新闻网站、商业网站、微博、微信、客户端等新兴媒体如雨后春笋般涌现出来，在宣传党的主张、引导社会舆论、弘扬社会正气、通达社情民意、引导社会热点、疏导公众情绪等方面发挥着重要作用。顺应时代潮流、优化传播形态，应推动传统媒体和新兴媒体融合发展，以科技创新带动体制机制创新，加快媒体数字化进程，打造一批新型主流媒体，实现多媒体综合集成发展。加强主流媒体采编播系统数字化网络化建设，加快存量资源数字化转换，积极推进数字出版、数字印刷、数字发行、数字阅读。加快电台电视台数字化建设，构建采、编、播、存、用一体化的数字技术新体系，构建面向多个播出平台、多种用户终端的综合制播系统。

提高传播技巧。用讲故事的方式促进文化传播。讲故事就是讲事实、讲形象、讲情感、讲道理。讲事实才能说服人，讲形象才能打动人，讲情感才能感染人，讲道理才能影响人。信息时代，谁的故事能打动人，谁就能拥有

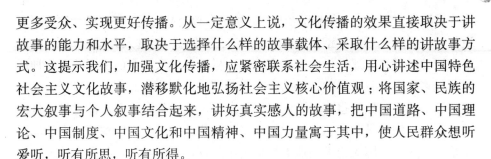

更多受众、实现更好传播。从一定意义上说，文化传播的效果直接取决于讲故事的能力和水平，取决于选择什么样的故事载体、采取什么样的讲故事方式。这提示我们，加强文化传播，应紧密联系社会生活，用心讲述中国特色社会主义文化故事，潜移默化地弘扬社会主义核心价值观；将国家、民族的宏大叙事与个人叙事结合起来，讲好真实感人的故事，把中国道路、中国理论、中国制度、中国文化和中国精神、中国力量寓于其中，使人民群众想听爱听，听有所思，听有所得。

第三节　文化治理的驱动源泉：文化创造力

创造就是一个按照美的规律来建构世界的过程。讲到创造力，既包括科技创造也包括社会创造，最重大的社会创造就是变革。中国的变革有两个重要的品征，一个品征是它一定和绝大多数人的生活紧密相关、息息相关、血肉相关；一个品征是它必须有明确的受益人。

人类世界的每一次进步无不取决于文化创造的新突破。自春秋战国至今，中国有四项制度是最为重要的，可以说这四项制度构成了中国文明发展的基本框架。制度建构也是一种创造力，但它同样深深扎根于文化土壤当中。第一项制度是以小农经济为基础以郡县制为骨架的中央集权制。这个制度统治和主导了中国文明两千多年。中国一切社会创造与辉煌都直接或间接地与其撑拒依存。第二项制度是以儒学经典为规范以考试机会均等为特征的科举制。科举制初兴于隋唐，可以说是中国社会文化与历史文化的一个空前大创造。18世纪中国科举制为西方所知，还让很多启蒙思想人物惊羡不已。第三项制度就是孙中山创立的共和制。第四项制度就是现在仍然在构建的现代市场体制。后两项制度已经进入现代化这一范畴，但前两项制度的建构显然和中国传统文化相辅相成、互进互动。

一、天人合一，天人感应

中国人的基本价值理念不是批判而是中庸。单说中庸都不够，我们这里更重视的是天人合一，天人感应。所以中国古代文明的创造独奏不多，合奏不少，上下调弦，举国互动。中国人不像西方人那样对差的一概排斥，对坏的一定要消灭。我们也反对错的，但重点在于弘扬对的；我们也批判丑的，但重点在于弘扬美的。根据中国人的"道"的理念，世界并无创作者，无论神祇也好，人类也好，动物界也好，还是鬼怪也好，地狱也好，大家都生活在"道"的统领之中。包括皇帝在内,虽然皇权至高无上,好的皇帝称为"有道",坏的皇帝就是"无道"。按照西方人的理念,能进入天堂的皆为好人,落入地狱的必有罪恶。但中国人完全不这样想。进入天堂的中国的那些神明也有很多缺点,就像调戏嫦娥的天蓬元帅那样,因为失其道也,终于变成了猪八戒;进入地狱的也有好人,不仅是鬼魂,包括狐妖蛇怪,都有最善良的灵魂存在。例如《聊斋志异》中那些美丽的狐仙,又如《白蛇传》中的那位白娘子。所以中国无论天上地下都是阴阳共存,优劣共在,既有恶神也有善鬼。我们智慧的中国祖先从来不认为所谓坏人可以、甚至应该被统统消灭掉的。我们的主张是要贤者在上、劣者在下,这个就够了。诸葛亮最著名的《前出师表》是怎么劝解后主的?他说:"亲贤臣,远小人,此先汉所以兴隆也;亲小人,远贤臣,此后汉所以倾颓也。"

在这样的文化指导下,中国人的创造就形成了自己天人合一、上下互动的风格与特质。

二、和而不同,包容是创造之母

中国人的价值表达和风格理念,用一个词概括叫作"和而不同"。首先是"和",和睦相处,价值宽容。其次是"不同",中国人不怕不同,喜欢不同。阴阳就属于不同,有什么不好呢?不但没有不好,而且须臾不可废除。在中国文化看来,有阴阳而后有万物,这不仅是顺理成章的,简直就是天经地义的。

在这样的理念下,中国文学艺术的风格历来多种多样。比如宋词,有豪放派也有婉约派,豪放与婉约显然有着巨大的风格差异,但完全可以并行不悖、相得益彰。其实熟悉宋词的人都知道,豪放婉约只是概而论之,细细品读,那风格还要更其千姿百态。李清照属于婉约派,她不大喜欢苏东坡,她有专文评价宋代词人词作,其中谈到苏东坡,说苏东坡的词不合音律,不过是句子长短不齐的诗歌罢了。但这批评并不激烈。严谨而不激烈,态度非常优雅,不但充分表现了这位女才子的精神风貌,尤其鲜明展示了中国文化"和而不同"的价值与格局。

中国文化的多样性和包容性,在古典小说中也有充分的体现。例如《金瓶梅》与《红楼梦》,二者其实具有内在承继关系,但它们的风格差得太远了,所谓天高地远之别。《金瓶梅》是俗而雅,因其大俗而大雅。《红楼梦》则是雅而俗,虽然大雅,却可以通达万众。前者犹如佛头著粪,固然著粪,仍然是佛呀!后者可比喻为天女散花,虽然贵为天女,却关心民间疾苦,与生民同哀同乐。二者的风格差异可以说点点滴滴处处皆在。比如描写女性的美,

《金瓶梅》是这样写潘金莲的："从头看到脚，风流朝下跑；从脚看到头，风流朝上流"。俗是真俗，文学也是真文学。《红楼梦》全然不是如此，它形容凤姐的美貌，用语非常典雅，虽然典雅，却一点也不失生动。单说凤姐的眉眼："两道柳叶吊梢眉，一双丹凤三角眼。"这个奇了。柳叶眉很好看，是中国古代对女性审美的公认的标准。然而，不是一般的柳叶眉，而是柳叶吊梢眉。丹凤眼更好了，龙凤之姿，何等高贵，然而却又是一双丹凤三角眼。这样的描写，不说别的，怕要难倒天下多少丹青妙手。

"和而不同"体现了一种博大的包容性和兼容性。中国的伟大文学作品常常与兼容性密不可分。最著名的代表应该是《红楼梦》。《红楼梦》是空前的历史文学巨著。它非常伟大，同样非常兼容，因其兼容而伟大，又因其伟大而兼容。这样的中国文化传统显然对于文学艺术的创造力乃至整个社会的创造力，具有非常重要的借鉴价值。

三、道重于技，自由是创造的最高境界

中国文化历史悠久，成就辉煌。但于逻辑这件事不甚讲究，古代也有重要的逻辑思想和发现，但从来没有成为一门独立的专门性的学问。中国古代数学也非常有特色，有成绩，但地位远不如西方那般重要。中国文化强调的是技进于道，情景交融。一方面讲技，一方面更要讲道。有技无道，只是匠人；有技有道，才是大师。虽然也重视理性，但不可以唯理独存，强调的是有情有理，不但合情而且合理。所谓杀人可恕，情理难容。贵在情理之中，美在情理之中，妙在情理之中。

中国文学艺术创作强调化境。化境乃是最高境界，所谓境由心生，巧夺天工。技术也是必需的，练习书法还必须临帖，学习戏剧更要 招 式。昔日北京著名小吃店烤肉宛的老板请齐白石先生题写店名，白石先生在落款上特别写明"古无烤字，老夫自我作古"。可见传统规范的重要性。又如这些年因为青春版《牡丹亭》走红的昆曲，对于唱腔道白的发声都非常讲究，可以说每一个字的发音，都必须有师承。然而，这些表示的是艺术的学习与过程，到了臻于化境的时候就不再是如此一板一眼的模仿，而是达到一种随心所欲的发挥，从而进入了自由境界。

如前所述，创造的生命原本鲜活，唯有鲜活的生命才会永远追求，永不满足。文化似乎是恒定的，但日日时时也在变化。文化创造力的提升力度是衡量当今中国社会现代化水平和程度的重要标准，是反映中国社会与文化进步的重要标志，因此，就社会的发展而言，当今中国文化创造力的实现有助于和谐社会的现实建构。中国文化与创造力可以理解为一个历史的变数，这个历

史的变数恰逢当今时代，必定要经过类似凤凰涅槃这样的浴火重生。从某种意义上说，文化创造力是民族国家的核心竞争力，是一个民族与一种文化的生命力。古今中外，国家与国家之间的竞争，民族与民族之间的竞争，归根到底是文化创造力的竞争。由此可见，当前全面激发文化创造活力，不仅有益于国家文化软实力的有效提升，更有助于中华民族伟大复兴的中国梦与社会主义现代化强国梦的最终达成。

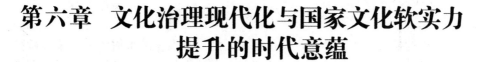

第六章 文化治理现代化与国家文化软实力提升的时代意蕴

新时代是我国综合国力迈上新台阶的时代，承载着中华民族伟大复兴的"新使命"，需要进一步发展文化产业，进一步繁荣文化市场，进一步完善公共文化设施，以文化体制机制创新为民族复兴提供正确的方向保证、不竭的精神动力和强大的智力支持。

第一节 新时代"中国之治"的文化解读

新时代是引领世界发展新潮流的时代，中国特色社会主义已充分展示了现代文明形式的异质性和发展道路的多样性，我们在国际舞台中的角色从"观察世界"到"融入世界"，再到"影响世界"，需要表现出深入参与全球治理的强烈担当，需要以中国理念、中国方案、中国智慧完成对传统社会文明的继承、发展和超越，为推动全球治理体系变革、构建新型国际关系提供全新选择。历史证明，变革、革新、转型时期往往是最能考验人们原有价值观念和道德观念的先进程度和自觉程度的时期。中国特色社会主义进入新时代，人们对美好生活的向往开启了全面推进文化治理体系和治理能力现代化的新征程，只有科学把握新时代建构文化治理体系的方法，才能激发全民族文化创新创造活力，建设社会主义文化强国。

一、新时代社会主义文化治理体系和治理能力

社会主义文化治理体系是以社会主义核心价值体系为引领，集观念、制度、机制和技术于一体的治理形式与治理领域。文化治理体系和治理能力现代化的建构需关照新时代社会主义发展的内生性需求、动力与体制机制，这种内生性既是对文化治理实然状态的判断，也是对应然状态的诉求，它既涉及文化功能的重新发掘，又涉及文化组织方式的革新，还涉及个体文化能动

性的彰显。关照新时代文化治理体系的内生诉求，必须以培育和践行社会主义核心价值观为根本遵循、以高扬中国特色社会主义文化自信为动力源泉、以推动社会主义文化繁荣兴盛为必由之路、以筑牢中华民族共有的精神家园为信念基石、以增强国家文化软实力为奋进航标。

（一）价值层面：以培育和引领社会主义核心价值观为主线

文化的核心是价值体系，文化构筑了世界和人生的价值体系，探索和回答了人的终极关怀、人生意义与价值。一个社会的稳定与发展，必须要构建起被社会绝大多数成员所认可的主流价值观，也就是核心价值体系。同样，核心价值体系也通常被认为是该社会所特有的文化、文明的精神实质和显著标志，是社会赖以维系的精神支柱。在当代中国，社会主义核心价值观是对社会主义意识形态内容的最本质、最直接概括，是中国社会各个利益阶层和社会成员价值观的"最大公约数"，它不但是抵御西方价值观渗透的"批判的武器"，牢固坚守自己国家的意识形态的正确方向，也是整合社会意识，使社会系统得以正常运转、社会秩序得以有效维护的重要途径。当文化治理没有国家层面的价值观指导时，就会失去其发展的基础，最终导致意识形态的混乱，文化的健康发展就无从谈起。当文化治理不能与社会主流价值相向而行时，相关文化政策与制度规范就无法与群众的心理承受能力相契合，自然得不到人们对公共政策的认同和支持。因此，社会发展特别是文化发展的内在驱动力在很大程度上来源于人们对社会核心价值的认同状态，是人民群众对于制度环境、社会环境在体验判断的基础上将社会习俗、法律准则和社会制度内化的结果，并通过具体的社会行为真实地表达出来。从这个意义上说，人不仅是文化的创造者，而且也是文化的创造物。文化治理是文化价值观和文化的生存方式的有机统一，是工具理性与价值理性的深刻融合。培育和弘扬核心价值观，不仅是国家治理和社会治理的主线，更是文化治理的主线。

（二）动力层面：以中国特色社会主义文化自信为支撑

十九大报告强调："文化自信是一个国家、一个民族发展中更基本、更深沉、更持久的力量。"中华文化历经五千年反反复复、起起伏伏的洗练、发展、积累和再凝练，其积淀的精髓、精华部分历久弥新，而今正在被充分展现、利用。随着我国经济实力的增强以及民族文化活力的提升，民族自信得到极大程度的提升，这种自信并非完全来自经济实力和自身物质生活方面的发展与完善，更多是来自对中华民族优秀传统文化的自信，对长期指导中国社会革命、建设和改革不断取得伟大胜利的马克思主义的高度自信。传统文化的主要价值在于其可以填补法律之外人们社会生活中的空缺，给人们一种"合理"向"善"的价值解释，是人们的心理家园和精神命脉。同样，中国传统文化蕴含着人与人之间以至整个社会运行中处理问题的规则、理念、秩序以及人们日常的基本遵循，中国民间治理传统及其表达方式可与现代治理结合起来，赋予其合法身份和地位，发挥其应有作用。党领导人民在革命、建设、改革中创造的革命文化和社会主义先进文化，植根于传统文化沃土、反映中国人民意愿、适应中国和时代发展进步要求，汇聚成中国特色社会主义文化，代表着中华民族独特的精神标识，成为当代中国的主流文化。这种主流文化天然地蕴含着中华民族的思维方式、民族心理、审美情趣和行为习惯，与人民大众的生活真正融为一体，为人民大众的精神生活提供资源和支撑，同时也从人民大众创造的各种新生文化中获得发展的灵感和生命力。中国特色社会主义文化自信是中华民族主体的对自身文化的觉醒、反思与创造，体现出一种深远的文化境界、高度的人文关怀和强烈的责任担当，是当代文化治理的坚实基础和战略支撑。只有坚定文化自信，才能获得坚持坚守的从容，鼓起奋发进取的勇气，焕发文化治理的活力。

（三）发展层面：以推动社会主义文化繁荣兴盛为路径

没有先进文化的积极引领，没有民族精神力量的不断增强，就没有中华民族的伟大复兴。文化的发展繁荣为社会的发展提供文化条件、智力支持、精神力量和人才保障，越来越成为经济社会持续发展的重要支撑，成为综合国力竞争的重要因素。在文化已经进入社会生产的各个领域的时代背景下，文化与经济、政治的互融共进已成为社会发展的一种趋势。增强文化整体实力和竞争力，必须以社会主义文化为"体"，以传统文化和西方文化为"用"，把传统文化和外来文化进行社会主义的改造，吸收一切人类历史上的物质和精神文明的成果为我所用。有效的文化治理使人得以全面自由发展，进而推动社会前进。社会主义文化繁荣是实现人民群众对美好生活向往的必然要求，这就需要保障人民的文化权益，满足人民的文化需求，激发人民的文化创新力，让人民的精神文化生活不断迈上新台阶。当前，文化越来越成为国与国之间竞争的利器，社会主义文化繁荣是增强综合国力的重要体现。随着我国经济实力的逐步增强，国际地位的不断提升，需要建立与我国硬实力相匹配的文化影响力。一个能够不断满足民众精神需求的国家才能够牢固地凝聚和团结民心，激发国家创新活力，才可能具有无限的发展潜力和强大的国家实力。社会主义文化繁荣是增强民族凝聚力的坚强手段，要按照公益性、基本

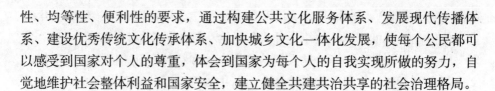

性、均等性、便利性的要求，通过构建公共文化服务体系、发展现代传播体系、建设优秀传统文化传承体系、加快城乡文化一体化发展，使每个公民都可以感受到国家对个人的尊重，体会到国家为每个人的自我实现所做的努力，自觉地维护社会整体利益和国家安全，建立健全共建共治共享的社会治理格局。

(四)基础层面：以筑牢中华民族共有的精神家园为基石

从人的精神内核来看，精神家园是人类自我创造的意义世界和理想境界，是对民族文化之根的思想传统、精神理念、文化习俗乃至生活方式的认同感和归属感。建构精神家园实际就是建构人生的信仰和信念，一个国家，一个民族，要同心同德迈向前进，必须有共同的理想信念作支撑。没有理想信念、理想信念不坚定，精神上就会"缺钙"，就会得"软骨病"。一个党员、一个政党如此，一个民族、一个国家也莫不如此。共产主义远大理想和中国特色社会主义共同理想，是中华民族矢志奋斗、百折不挠的"压舱石"。文化认同感是家园感产生的基础，中华文化是我们民族的"根"和"魂"，要认真"汲取中华优秀传统文化的思想精华，深入挖掘和阐发其讲仁爱、重民本、守诚信、崇正义、尚和合、求大同的时代价值"。建构新时代民族共有的精神家园，一要坚持民族性，坚守文化的主体性，以中华优秀文化传统为根基，大力繁荣发展中国特色、中国风格、中国气派的优秀文化，不断增强中华文化的魅力和生命力。二要坚持兼容性，加强与域外民族文化的交流、借鉴与融合，博采众长、兼收并蓄，促进文化治理手段和形式更加丰富完善，使民族精神家园更加充实。三要坚持普适性，按照"和而不同""己所不欲、勿施于人"等原则寻求价值观念、道德标准的基本共识，在解决人类所面临的共同问题上提出具有共同的价值诉求和美好愿望的中国方案。四要坚持创新性，要与时俱进，立足中国特色社会主义的伟大事业，从改革开放和现代化建设实践中吸取新鲜养分，不断丰富自身内涵，使我们的精神家园永葆魅力。

(五)目标层面：以增强国家文化软实力为战略目标

文化软实力是国家文化和意识形态吸引力所体现出来的力量，表征为价值引领、社会导向、人文塑造、调控整合、构建和谐、社会动员、提供产品和服务等多重维度。一个国家、一个民族的强盛，总是以文化兴盛为支撑的。文化的力量，深深熔铸在民族的生命力、创造力和凝聚力之中，成为综合国力的重要标志。十九大报告进一步明确了文化软实力关系加快推进社会主义现代化、关系党和国家事业的兴衰成败，揭示了发展文化软实力对实现中国特色社会主义事业"五位一体"全面发展的意义和价值。文化软实力作为一国综合实力最核心的要素，它并不仅仅是国际关系范畴中的文化影响力、吸引力和同化力，也是中国特色社会主义发展道路视野下的文化国力。这种"文化国力"是凝聚和激励全国各族人民的重要力量，"提高国家文化软实力，关系'两个一百年'奋斗目标和中华民族伟大复兴中国梦的实现"。当前中国改革进入攻坚克难的时期，长期以来积累的一系列深层次的矛盾和问题无法单纯用经济手段来解决，更需要利用文化软实力的深层力量来达成共识推动问题解决。增强国家文化软实力，就要努力夯实国家文化软实力的根基，培育、发展文化类社会组织，使人民基本文化权益得到更好保障；就要努力传播当代中国价值观念，凝聚现代社会治理的价值共识，使人民精神风貌更加昂扬向上；就要努力展示中华文化独特魅力，大力发展文化产业，创新文化艺术活动载体，丰富社会公共服务的内涵与形式，使社会文化生活更加丰富多彩；就要努力提高国际话语权，结合传统智慧和现代文明，进一步吸收世界各国优秀的文明成果以及各国人民共同接受的一些基本价值，扩大中华文化的国际影响力。

二、构建社会主义文化治理体系的视野

中华民族是一个历史共同体、文化共同体，也是命运共同体、政治共同体。从文化治理的手段上，就要坚持党性和人民性相统一，从大历史观、大空间观角度推动社会治理的现代化进程，最终表现为文化治理能力的现代化；文化治理的目标上，就是以理论、学术、文艺、影视、网络等多姿多彩的文化样式塑造国家形象，引领社会风尚，教育人民树立和坚持正确的世界观、人生观、价值观，为实现中华民族伟大复兴中国梦，不断注入蓬勃的生机活力和思想智慧。这种价值手段与价值目标统一于造就新时代美好生活的社会治理伟大实践中，既能承受世界大潮的洗礼，也能受时代风云熏陶，始终与历史同步伐、与时代共命运。

（一）历史视野

历史视野为构建社会主义文化治理体系提供了理论底色。"美好生活"实际上是由生产性活动导致的，既是现实性生活，又是社会性指向的生活，需要定位在历史唯物主义的基础之上。新时代义化治理体系的构建，首先是基于社会生产力、经济发展和人民生活水平总体提高的客观事实。任何治理体系建设都无法摆脱传统的影响，正确汲取传统的资源可以增强社会治理的政治合法性，这一点对于中国这个历史悠久的文明古国来说优势更加显著。一

国的文化治理体系，是由历史传承、文化传统、经济社会发展水平决定的，是由该国的人民决定的。在对待历史的问题上，习近平认为，历史是最好的老师。他曾在比利时访问布鲁日欧洲学院的演讲中说："中华民族5000多年文明史，中国人民近代以来170多年斗争史，中国共产党90多年奋斗史，中华人民共和国60多年发展史，改革开放30多年探索史，这些历史一脉相承，不可割裂。""历史就是历史，历史不能任意选择，一个民族的历史是一个民族安身立命的基础。"历史是一个国家和民族安身立命之所在，是映照现实、指导现实的最好的镜子。对古代的成功经验，我们要本着择其善者而从之、其不善者而去之的科学态度，牢记历史经验、牢记历史教训、牢记历史警示，为推进国家治理体系和治理能力现代化提供有益借鉴。历史虽然是过去发生的事情，但是其连续的时间性与影响力对于现代化有着极其重要的影响，社会主义文化治理体系必须置于中国历史传统发展的情境当中。对有益的东西、好的东西予以继承和发扬，对负面的、不好的东西加以抵御和克服。

（二）政治视野

政治视野为构建社会主义文化治理体系提供了核心机理。满足人民日益增长的美好生活需要，特别是满足人民美好精神文化生活新期待，必须依托于中国的民主法治建设、民主政治语境，必须坚持、改进和加强党的全面领导。文化本身具有意识形态属性和经济属性，但文化治理作为现代社会整合的重要路径，政治方向和政治立场是其治理效能提升的基础和保障。在事关大是大非和政治原则问题上，必须增强主动性、掌握主动权、打好主动仗，帮助干部群众划清是非界限、澄清模糊认识。人民群众的意愿、利益从根本上体现着整个社会发展的未来方向，人民群众才是社会发展的推动主体和社会历史的创造主体。因此，必须将坚持人民群众的根本利益、实现人民群众的根本利益作为构建社会主义文化治理体系的政治立场。实现政治担当，就是要明确社会主义文化治理体系的阶级属性和人民属性，以坚持以人民为中心、保障人民美好生活为目标，实现社会主义文化治理体系现代化。阶级属性明确了社会主义文化治理体系的政治目的，人民属性阐释了社会主义文化治理体系的服务对象，两者统一于构建社会主义文化治理体系的实践中。与资产阶级文化治理不同，在无产阶级运动和无产阶级占统治地位的社会中的文化治理，应该是也只能是无产阶级性质的。社会主义文化治理的主旨在于为无产阶级革命和广大人民群众利益服务，而非单纯地为某一特定集团或者个人服务。社会主义文化治理必须"为千千万万劳动人民服务"，将实现人民群众的根本利益作为社会主义文化治理的出发点和落脚点，这在社会治理层面上反映了马克思主义文化观的人民属性。

（三）全球视野

全球视野为构建社会主义文化治理体系提供了有益借鉴。中国的美好生活与世界的美好生活紧密相连，体现出这一全球治理新理念的责任担当。中华民族具有见贤思齐、海纳百川的学习精神。社会主义文化治理体系不是预设的，而是在多元化的对比乃至较量中，在各种文化思潮的交流激荡中逐步构建、确立、发展而成。中国特色社会主义道路本身就融合了人类不同文明的成果，虚心学习、积极借鉴别国别民族文化治理的长处和精华，是完善社会主义文化治理体系的重要条件。因此，构建新时代社会主义文化治理体系，必须以开阔的胸襟和宽广的眼界观察世界，扬所当扬，弃所当弃，做到"各美其美，美人之美，美美与共，天下大同"。在新时代，中国首要的当然还是要做好自己的事，但只有立足全球视野来思考和筹划"自己的事"，把"自己的事"与人类共同的事业紧密结合起来，才能把中国特色社会主义文化治理推进到一个更为广大的新境地。坚持中国特色社会主义文化治理，要知行合一，在认识世界中改造世界，改造自己。世界之变、中国之治和西方之乱，使社会主义在全球的力量对比和影响范围发生积极正向的变化，为世界社会主义的发展带来了新的生机活力，提供了不可替代的中流砥柱式的支撑，使得当今世界比以往任何时候都需要中国向世界展示自己的智慧和方案。

（四）时代视野

时代视野为构建社会主义文化治理体系提供了实践基础。走进新时代，人民群众的基本物质文化生活满足之后，更加美好的精神文化需求就成为更为现实、更为迫切的需求。满足这一需求，解决文化领域新的主要矛盾，需要更顽强的意志，付出更坚韧的努力。新时代的文化治理不是敲锣打鼓、轻轻松松就能建构的，需要顺应时代发展大势、科学把握社会发展规律。我们推进国家治理体系和治理能力现代化，当然要学习和借鉴人类文明的一切优秀成果，但是不是照搬其他国家的政治理念和制度模式，而是要从我国的现实条件出发来创造性前进。由于当前所处的特定的历史方位和时代背景，决定了我们必须准备进行具有许多新的历史特点的伟大斗争。中国特色社会主义文化治理体系应该植根于中国大地、反映中国人民意愿、适应中国和时代发展进步要求，坚持科学性和真理性的统一，坚持科学社会主义理论逻辑和中国社会发展历史逻辑的辩证统一，这就要按照时代的新进步新进展，对中华优秀传统文化的内涵加以补充、拓展、完善，增强其影响力和感召力，就是要做好中华文化的创造性转化和创新性发展。

三、构建社会主义文化治理体系的方法

构建社会主义文化治理体系应该统筹效率与公平、统筹协调汇聚各方力量，形成共益、公益、私益合一的基本形态，彰显马克思主义辩证法在文化治理实践中的应用智慧。构建共建共治共享的社会主义文化治理格局，应坚持原则性与灵活性的结合、统一性与多样性的同步、主体性与共生性的统一、世界性与民族性的融合，达到文化治理的创造性继承、创新性发展，这不仅是新时代文化治理体系的特色之所在，也是满足人民对更高层次精神需求的文化治理策略。

（一）顶天立地：坚持原则性与灵活性的结合

顶天，就是要把握方向性和原则性，弘扬主旋律，传播正能量，激发全社会团结奋进的强大力量。一方面要牢牢掌握意识形态工作领导权，增强文化引领力。充分发挥主流意识形态的引领作用，深入开展中国特色社会主义和中国梦宣传教育，联系历史性成就和变革，联系新时代新征程新使命，筑牢中华民族共有的精神家园。另一方面要大力培育和弘扬社会主义核心价值体系和核心价值观，增强文化凝聚力。着眼培养担当民族复兴大任的时代新人，发挥文化对人和社会的教化功能，用中华传统美德成风化俗，构建充分反映中国特色、民族特性、时代特征的价值体系。立地，就是要注重现实性和灵活性，将价值引领与基层创新有机结合，树立强烈的机遇意识、发展意识，开阔发展思路，拓宽发展途径，使社会主义文化治理体系有筋骨、有道德、有温度，打造具有核心竞争力的文化产品和文化品牌。一方面政府要推进文化体制改革，充分尊重群众对公共文化产品和文化服务的需求，逐步弱化对公共文化产品和服务领域的垄断地位，抓好公共文化服务体系建设，夯实公益性文化事业。另一方面在公共文化领域引入竞争机制，积极推动文化创新，发挥文化想象力，激发文化创造力，切实发挥市场配置资源的决定性作用，规范经营性文化产业，健全现代文化市场体系与产业体系，促进文化产业快速发展，推动文化事业全面繁荣。

（二）收放自如：坚持多样性与统一性的同步

新中国成立伊始，虽然我党也提出了文化治理的"二为"方向和"双百"方针，但没有建立起与之匹配的机制性、规范性措施，而是采取运动式的管

理风格，导致反右扩大化。新时代的文化治理必须吸取教训，防止简单化、扩大化等不良做法。在多元多样的社会意识、媒体格局深刻变化的情况下，要看到文化治理的复杂性和特殊性，考量并兼顾各方诉求，拿捏善治分寸，在治理的体制、机制、模式、方法等方面全面创新。文化治理的多样性就是要营造满足人们对文化生活美好向往的民主环境。这种民主环境从个体层面能带来多样性的好处，即文化以内容的多样性、风格的多样性、形式的多样性、体裁的多样性扩充民众甄选的自由，文化产品能够机会均等地提供给民众。从群体层面，文化秩序的民主组织、文化产品的民主创造、文化元素的民主交流、文化发展的民主推动、文化成果的民主共享使社会更加朝气蓬勃和丰富多彩，同时也会促进主流文化的发展。而文化发展的多样性、多元化不可避免会出现冲突、碰撞、摩擦，存在着"冲突——融合——再冲突——再融合"的现象，这就需要进行文化整合，包括价值整合、规范整合、结构整合等。这种整合不是简单地采用功能切割、类别隔离以及工具控制等管理方式，而是要把服务群众同教育引导群众结合起来，把满足需求同提高素养结合起来，推进文化市场的供给侧改革，吸引广大群众参与到蕴含国家意志的公共文化生活中来，应对社会转型带来的社会失范和文化迷失。把握文化治理的统一性与多样性关系，要着眼于"坚守共同底线，形成最大公约数，画出最大的同心圆"，从而建设一个"又有集中又有民主，又有纪律又有自由，又有统一意志，又有个人心情舒畅、生动活泼的政治局面"。

（三）多方共赢：坚持主体性与共生性的统一

文化既是多侧面、多维度又是多层次的，即使同一个侧面、同一个维度也存在不同层次。民族社会的文化始终是多元一休的状态，展现为个体与群体、历史与现在、物质与精神、封闭与开放、共性与差异、归属与疏离等多种要素、角度的本质与价值分析。一方面，社会主义的文化治理要坚持文化利益上的主体性与共生性的统一：尊重文化利益的主体性，就是满足一定经济关系下从事文化活动的利益的承担者、追求者、实现者和归属者的合理性需求，清晰界定国家文化利益、社会文化利益和公民文化利益的基本范畴，实现利益主体地位平等，保障多元利益共赢。尊重文化利益的共生性，在于提高人们的教育科学水平和精神生活质量，鼓励各类文化市场主体公平竞争、优胜劣汰；通过政府采购等手段，合理调整文化产品的生产和供给方式，把满足个人消费的文化产品转移成公共文化服务产品，更加自觉地调整社会利益关系、更加科学地追求社会利益，全面推进基本公共文化服务标准化均等化。坚持文化利益上的主体性与共生性的统一，有利于文化生产力水平的提高、文化产业的壮大和文化市场的繁荣,有利于有效协调各方面利益关系,进而为可持续发展提供精神动力和智力支持。另一方面,社会主义的文化治理要坚持文化形态上的主体性与共生性的统一:坚持文化形态上的主体性就是坚持文化治理的人民性,是为了增进人民大众主体的自由而全面发展。坚持文化形态上的共生性就是尊重文化的差异性,"尊重人民群众的主体地位和首创精神,壮大'草根'文化,包容网络文化、微博文化、都市文化等群众文化,真正发展多元性的'大众的文化'以满足人民群众的文化诉求"。坚持文化形态上的主体性与共生性的统一,必须牢牢抓住社会主义核心价值体系这一"主心骨",必须植根于中国人民大众的生产生活实践,促进"主流文化、精英文化和大众文化的融合与竞争,构建和谐的文化生态"。

（四）内外兼修：坚持世界性与民族性的融合

当前中国正处于大变革、大转型时期,同时又受到全球化浪潮的冲击,文化全球化的发展趋势必然与文化治理的民族性产生冲突,这种冲突与矛盾一定程度上持续内化为文化治理现代化的内源性动力。文化治理的世界性是面向现代化进程、他国先进文化、文化普适性的表征,是当代中国社会治理的发展必然;文化治理的民族性是面向中国国情、内在包含着传统儒家文化和马克思主义文化意识形态的文化地域性的表征,是当代中国政府治国理政的独特标识。民族性是文化治理体系建构的土壤,而世界性则是文化治理体系建构的促生剂。这种世界性与民族性的交融,共同构成了中国特色社会主义文化治理的现代化维度,也是体现文化先进性的根本来源。在民族文化世界化和世界文化民族化的张力中,文化治理要糅合中西文明之长,以此成为塑造一个有根基、有灵魂、有持守、有创新、有气度的国家形象的引擎,这就要求一方面保留和弘扬优秀传统,在全球化和多元化的进程中保持文化治理的民族个性;另一方面要勇于创新,创造与时俱进的活力,充分发掘中华文化中积极的处世之道和治理理念同当今时代的共鸣点,使之具有旺盛的生命力,以适应现代化的需要。如基于礼治的精英治理、基于"和"文化的协商共治等治理手段,还有礼法合治、德主刑辅;民惟邦本、政得其民;为政之要莫先于得人、治国先治吏等文化治理理念,以加强其与现代治理模式构建的契合。此外,在切实维护国家文化安全的前提下,不断扩大对外开放、努力吸收外来精华,积极融入世界文化大格局,融入全球治理理念,使中国文化历久而弥新。

新时代社会主要矛盾的转变关系我国改革开放全局的历史性变化,长期以来积累的一系列深层次的矛盾和问题无法单纯用经济手段来解决,更需要利用文化治理的深层力量来达成共识推动问题解决。文化治理作为一种柔性的力量和隐形的因素，与人民群众对美好生活的体验感、归属感、获得感息息相关，是中华民族在精神上重新崛起及民族文化复兴的重要保证，关系加快推进社会主义现代化、关系党和国家事业的兴衰成败。没有文明的继承和发展，没有文化的弘扬和繁荣，就没有中国梦的实现。新时代社会主义文化治理体系的方法论，是在实践基础上的合目的性与合规律性的辩证统一，是提升文化自觉、增强文化自信、实现文化自强的战略支撑，也是建设共建共治共享美好生活的内在要求和必然选择。只有科学把握建构文化治理体系的立场、观点和方法，才能实现文化治理体系和治理能力的现代化，才能增强全民族文化创新创造活力，才能不断夯实国家文化软实力的根基，进而引领人民美好生活实现不断跨越。

第二节 社会主义现代化建设的应有之义

提升国家文化软实力是贯彻落实习近平新时代中国特色社会主义思想的重要体现，对于推进发展新时代中国特色社会主义意义深远，事关文化强国实现、事关人民福祉及民族伟大复兴。针对我国文化软实力建设发展过程中遇到的挑战和问题，要提升中国特色社会主义文化自信，增强社会主义核心价值观凝聚力和感召力，提高中华文化国际竞争力与吸引力，凸显国际话语权的塑造力和影响力。

党的十九大提出了"构筑中国精神"，这是文化软实力建设的新要求。构筑中国精神，很重要的一点是提升中国特色社会主义文化自信。一个对自己的文化充满自信的国家和民族能够自觉做到文化自觉和文化自强，提升文化认同，构筑自己的共同精神家园。当代中国的文化自信具有特定的价值内涵与时代特色，是中国特色社会主义文化自信。文化自信和文化软实力相辅相成，相互影响。中国特色社会主义文化自信是提升国家文化软实力的重要前提和条件，是文化软实力建设的重要途径。只有对自己国家的文化有信念、有信心，在内心深处感到由衷自豪，才能在激荡的国际文化大潮中继承创新优秀传统文化，在比较鉴别中吸纳外来文化，不断推进中华文化走出国门。历史上，近代以前我们都是自信满满，不存在文化上的不自信问题，这种文化自信在隋唐时期曾达到了一个历史的高潮。近代以来，随着列强的入侵，中国沦为了半殖民地半封建社会，更多的中国人看到了中国与西方的差距，曾经的文化强势心态瞬间转变为"弱势"心理。

随着五四新文化运动、中国共产党的成立特别是改革开放伟大决定的作出，中国发生了翻天覆地的变化，文化自信重又回到中国人的心中，党的十八大以来，中国特色社会主义文化自信进入了新时代。但由于历史的原因，曾经的文化不自信仍留有影响，当前一些人对于中华文化的不自信，一定程度上束缚了中华文化影响力的发挥，影响了文化软实力提升，为此要继承弘扬中华优秀传统文化、提高对国家文化能力建设的自信，增强文化自觉，实现文化自强，提高文化认同。

一、继承弘扬中华优秀传统文化

中国优秀传统文化蕴含着中华民族根本的精神基因和最深层的价值追求，是社会主义文化建设之源。我们今天在建设中国特色社会主义伟大事业过程中，要继承弘扬中华优秀传统文化，具体表现为，要深层次挖掘中国独特的历史文化资源，继承发扬优秀传统文化精髓，拓展传统文化思想影响力。

（一）深层次挖掘中国独特的历史文化资源

深入挖掘包括儒家在内的优秀传统文化思想。中国传统思想文化中的儒学、佛教以及道教思想是人类巨大精神财富，丰富了人类思想文化宝库。儒家所提倡的"己所不欲，勿施于人"的道德准则，已被 21 世纪《世界人类责任宣言》确定为全球社会治理的"黄金准则"，儒家思想中很多精华的东西具有跨越时空的人类共通价值，具有超越时空的恒久意义。为此，要让包括儒家思想在内的优秀传统文化思想与中国特色社会主义新时代相结合，焕发新的生机与活力；要重新唤起中华文化蕴含的人文精神，激励人心，拼搏奋进；要让优秀传统文化中的丰厚哲学智慧服务于中国和奉献于世界。

深入挖掘传统文化中的廉政文化资源。中国传统文化中蕴含丰富的廉政文化资源，涌现了一批廉吏和传播久远的廉政思想。西周时期的周公旦开创了中国的传统廉政思想，此后涌现了很多廉政代表人物。如"鞠躬尽瘁，死而后已"的诸葛亮，清正廉洁的寇准，刚正不阿的包拯，"天下廉吏第一"的于成龙，这些廉政人物代表的身后是丰富的廉政文化资源。为此，要深入挖掘"为政以德"的政治观、"廉为正本"的廉政观、"以义制利"的义利观、"以民为本"的民生观、"尚俭抑奢"的消费观、"选贤任能"的人才观、"依法而治"的法治观等古代廉政文化内涵，为反腐倡廉建设提供有力的文化支撑。

深入挖掘乡规民约、宗亲文化资源。中国传统社会是一个典型的农业社会，人们长期居住在一个地方，社会比较稳定，群众之间比较重视亲情、友情。长期生活中形成了乡规民约、宗亲文化，对于调节邻里之间纠纷和家族之间的矛盾起到了很大作用，有效缓解和化解了社会矛盾。在今天，这种思想仍然影响着一部分人，这些人仍然习惯遵从乡规民约，内心深处认可宗亲文化，对于祖宗家法有一份难以割舍的情怀。要结合乡规民约、宗亲文化，开展形式多样的主题活动，组织人力、投入财力编撰村志村史，梳理为当地百姓作出巨大牺牲和贡献的英雄人物、模范人物，编辑成册，将本乡本土的特色文化以百姓喜闻乐见的方式讲述出来、表达出来，有效融入广大百姓的衣食住行中，以此激励和教化当地群众，增强他们的归属感和对历史的尊崇感。

（二）继承发扬中华优秀传统文化精髓

批判继承中国传统文化。中国传统文化是自然经济的产物，一定程度上具有封建社会的狭隘性、封闭性。对于传统文化要甄别和超越、批判继承，根除那些封建性、封闭性的内容，发掘那些超越时空界限，在今天仍能发挥激励人、教育人、影响人、劝人向善、催人奋进的优秀传统文化，赋予它新时代内涵和表达形式，使其成为推动中国特色社会主义发展的重要文化力量和精神力量。对于那些不合时宜，特别是与社会主义市场经济要求的民主精神、科学精神以及法制观念存在冲突的思想，诸如重视政治和伦理本位，轻视经济和科技发展，重视宗法观念及特权思想，轻视人的主体性和独立性等，要进行批判和改革，进行彻底的解构，消除其封建落后性影响，将那些有价值的、宝贵的优秀思想从原有的价值体系中剥离出来，清理整合，重新选择、把握和培育，实现文化的自我更新和自我发展。

继承和深刻阐释中国优秀传统文化的新时代价值。使中华传统文化中的"以民为本、敬德保民""和而不同、贵和尚中""厚德载物、包容会通""刚健有为、自强不息""天下兴亡、匹夫有责""勤俭廉政、精忠爱国""见利思义、诚信为本""仁爱孝悌、谦和好礼""克己奉公、修身慎独""民胞物与、天人合一"等精神得以发扬光大。要加大国学教育，从中国先贤圣达那里吸取中国优秀传统文化的思想精髓。要加强"先天下之忧而忧，后天下之乐而乐""天下兴亡、匹夫有责"的传统爱国主义教育；凸显互关互爱主题教育，加强中华传统美德教育；加强个人修养教育，使人们接受传统的修身、齐家、治国、平天下等思想的影响，做到守诚信、明事理、知荣辱，自觉维护社会公德。

发挥节日等民俗文化的潜移默化作用。在中国有着众多的传统节日，这些节日具有深厚的历史背景和丰富的文化内涵，在娱乐人民的同时，承载着教育民众、凝聚人心、维护社会和谐的重要功能，表达着中国人民的情感需求和精神追求。这些传统的节日跨越时空，与中国的文化精神融合在一起，成为中国优秀传统文化的重要组成和表现形态。对于这些传统的节日，要深入挖掘其表现形式背后的深层次文化底蕴。通过在传统节日开展内容丰富、形式多样的群众性活动，提升人民群众的传统文化认同感，增强社会凝聚力。首先，要重视传统文化节日的教育熏陶作用。要深入挖掘春节、元宵、清明、端午、中秋、重阳等传统节日的文化内涵，精心设计和打造一些节日庆典，通过开展龙舟赛、祭祖大典等活动，赋予传统节日以新时代意蕴，调动广大人民群众及海外中华儿女参与传统节日的主动性和自觉性，通过打造全球中华儿女共有的节日精神家园，充分激发中国人及海外华侨华人内心深处的重亲情、重伦理、重礼仪的情感，提升大家对于中华文化的认同。其次，要发挥传统节日的文化教育功能。在组织开展传统节日活动中，要将传统节日仪式和时代元素有机结合，不能仅仅看重活动带来的商业利益，而要考虑到活动的主题教育意义。如在写春联、猜灯谜活动中，可以将核心价值观融入其中，既丰富了活动内容，又很好地开展了一次社会主义核心价值观教育。举办人民喜爱的"我们的节日"活动和精彩纷呈的民俗文化表演活动，开展春节慰问、文化下乡活动，增进群众彼此之间的感情，以培育和谐、融洽的邻里关系，营造积极健康的文明生活方式。

（三）拓展传统文化思想影响力

深层次挖掘传播传统文化的内容和表达形式。中国优秀传统文化绝不仅仅是课堂及书本上学习、研究的文化符号，而应当不断深入社会生活领域以拓展自身的内在文化力量。我们需要构建一种对传统文化资源进行转化的有效机制和途径，使传统文化中那些经典的、跨越时空的内容得以复制、"拷贝"、继承和创新，做到家喻户晓。通过现代的艺术表达形式，如电影、广播电视、网络游戏及漫画等，将经典的文学作品如《红楼梦》等四大名著，将《愚公移山》《精卫填海》及《夸父追日》《木兰诗》等具有励志作用的民间传说等，转化为人民群众喜爱的不同类型、不同形式的艺术作品，用同根共祖的文化谱系凝聚不同社会群体的思想，使个性审美与文化消费在文化身份的认同中得以整合，提升受众对于中国传统文化的普遍认知。

将传统文化蕴含的积极历史意义与社会现实需求有机统合。当代的中国社会正处于深入的转型期，如何将深藏在古代经典中的传统文化资源有效转化为人民群众的价值共识和身体力行的行为模式，对于中国社会的未来发展至关重要。在传承与弘扬优秀传统文化、拓展传统文化思想影响力时，要对传承与扩展的文化内容进行具体的历史分析，不能笼统地将所有传统文化资源与现今的文化发展生硬地联系在一起，要找到既具有积极历史意义又符合时代需求的连接点，否则，由于一些人对于传统文化的认同程度不高，不适宜地拔高历史传统和炫耀我们的文化资源，不仅不能推动传统文化的当代发展，还很容易引起人们对中国传统文化的怀疑与抵制。

二、坚定对国家文化能力建设的自信

随着改革开放深入推进，中国的经济、政治、文化、社会以及生态文明等方面都取得快速发展，为文化自信打下了坚实的基础。中华民族与时俱进、不断创新，在几千年的历史中，凭借自身的辛勤、拼搏、创新、开拓及自强不息的精神，不断提升着文化理论的创新能力，不断创造着国家的辉煌，塑造着国人的自信。一个国家的文化能力，既是其文化发展状况的标示，是其文化发展的依据，也是其文化自信构成的重要基础。国家的文化能力是该国文化发展状况的一个重要标尺，文化能力建设不强的国家，不可能在文化发展上占据优势；一个不重视文化能力提升的国家，不可能长期保持文化繁荣。历史上一些文明的消失不见或融于其他文明，导致世界的文化格局也处于不断的变化发展之中，追究其原因，主要是因为这些曾经文明的国家，在文化能力建设方面没有跟上时代发展的步伐，融合其他文明、进行自身文化改造的能力有限，导致文化创新能力日渐贫弱，在人类文明历史长河的选择中被淘汰了。提升中国特色社会主义文化自信，很重要的一点是相信国家能够不断推进文化建设与发展，能够提供更为优质的精神文化产品，能够更好地满足国民对美好生活的需要，能够成功应对国家文化安全面临的威胁，能够不断提升国家文化软实力，从而实现文化强国的目标追求。提升国家文化能力建设的重点工作在于推进文化的创新和创造，这是文化能力不断增强的重要因素。文化能力建设是一个系统工程，涉及对人的教育、文化服务及文化创新等。当前要重点打造中国的文艺和哲学社会科学，具体表现为，一方面要提高中国文艺创作能力，以人民为中心，创作出贴近人民生活，反映时代主题，为人民所喜爱的优秀作品。另一方面要提升中国哲学社会科学学术体系构建能力。构建哲学社会科学要紧抓中国传统文化的这个丰厚的思想资源，体现继承性和民族性，要继承创新马克思主义科学理论，要鉴别吸收国外哲学社会科学的优秀成果；要将我国的实际作为哲学社会科学研究的主要依据，构建中国特色的富有原创性、反映时代性的学科体系和学术体系；要健全学科体系，建设新兴学科和交叉学科，使中国的哲学社会科学更具系统性和专业性。

三、增强文化自觉与实现文化自强

提升中国特色社会主义文化自信要做到文化自觉和文化自强。文化自觉、文化自强分别构成文化自信的前提和目标追求。一个没有文化自觉的民族，就认识不到建设文化的重要性，文化自信就失去了心理依托；一个没有文化自强的民族，就失去了文化建设的目标方向，文化自信也就成了虚无。

（一）增强文化自觉

文化自觉的概念是 20 世纪 90 年代由费孝通先生提出来的。文化自觉是由"文化"和"自觉"两个概念组成，"文化"是"自觉"的限定和对象，"自觉"体现的是对于"文化"的一种态度。"文化自觉，主要是指一个民族、一个政党在文化上的觉悟和觉醒，包括对文化在历史进步中地位作用的深刻认识，对文化发展规律的正确把握，对发展文化历史责任的主动担当。"增强文化自觉，一是要对文化的重要性有高度自觉意识。文化是一种柔性力量，具有极强的渗透性和影响力，日益深入经济社会发展以及人们日常的生活工作中。要充分意识到文化对于经济社会发展的重要性，文化不仅作用于经济发展，也能够以精神文化产品的方式进入国内消费领域，参与国际竞争领域，拉动国家经济增长，为国家发展带来巨大外汇收入；要充分意识到文化是关系到人民美好生活和幸福追求的重要指标，是民族凝聚力和创造力提升的重要因素。随着国家向全面建成小康社会迈进，广大人民对于更高层次的精神文化需求、对于美好生活的向往日益强烈，为人民谋幸福、为民族谋复兴是共产党人的初心和使命。二是要对文化的发展规律高度自觉。文化是社会历史发展的产物，立足于一定政治经济基础之上。要意识到文化发展是一个历史长期过程，要久久为功，要重在建设，要培育和壮大主流文化，提倡主旋律和弘扬多样性。要推进本民族文化与时俱进、不断创新。促进民族文化创造性转化和创新性发展，赋予革命文化新时代内涵，不断提高建设社会主义先进文化的能力。三是要有主动承担文化建设责任的自觉意识。要意识到文化建设首要的是执政党的责任，因其自身的地位，要主动担负起用先进文化引领社会发展、传承优秀传统文化、保证人民基本文化权益和维护文化安全的重要责任；要唤起整个民族的文化建设自觉意识，在自媒体时代，文化建设是每一个人的事情，只有大家都参与才能推动社会主义文化大发展大繁荣。

（二）实现文化自强

文化自强是文化自信的要旨所在，文化自信的目标是奔着文化自强去的。

所谓的文化自强，主要是指立足于本国实际情况，依靠自身力量，突出本国特色，建设先进文化，提升国家文化的吸引力、竞争力、影响力，提升国家的文化软实力，建设中国特色社会主义文化强国。西方一位前政要认为中国不可能成为超级大国，因为其只能出口电视机而不能出口思想，不能参与世界知识体系的建构，不能推出影响西方的具有"传染性"的国际学说。2011年10月召开的党的十七届六中全会提出了文化强国的战略，这是文化自强的现实化、具体化、实践化。提升文化自强，一要文化强党。通过马克思主义意识形态武装使我们党更加强大，不仅体现在规模庞大上，而且体现在对内很强的凝聚力和对外的吸引力和影响力，获得执政党的广泛合法性基础。二要文化强国。通过创新科技，健全市场体系，深化改革和鼓励创新，发挥人民群众的创造力，提升中国文化整体内在实力，为中华民族的伟大复兴提供文化支撑；通过提出富有中国特色的国际问题处理方案，落实对外援助以及联合国维和行动等，塑造"负责任大国"的国际形象。三是文化强民。通过文化事业支出及重点文化项目的投入，在满足民众基本精神文化需求的同时，提供更高质量的文化产品供给。

四、提高文化认同

文化认同是一个国家重要的精神黏合剂，表现为信仰和坚守自身民族的优秀文化，表现为对国家民族或集体前途命运的血肉相连、生死相依，对主流价值观念的深沉信仰与坚守，对重大集体利益的坚决维护，对重大决策部署的自觉参与和坚决执行。何谓文化认同？所谓文化认同（culturalidentity）是人们在一个民族共同体中长期共同生活所形成的对本民族文化的肯定性体认，其核心是对一个民族的基本价值的认同；文化认同是增强民族凝聚力的精神纽带，是民族共同体生命延续的精神基因。文化认同从层次上可以分为"自然认同、强制认同和理解认同"。理解认同是较高层次的文化认同，对于增进民族间团结、提升民族凝聚力发挥着重要作用。通过提升文化符号、文化身份及民族意识的认同感，增强理解认同，能够使整个国家的民众牢牢团结在一个统一体下，形成坚强的战斗堡垒。文化认同是提升中国特色社会主义文化自信的要求，一个对于自身民族文化没有认同感的民族，就谈不上文化自信，更不可能屹立于世界民族之林。

（一）深化民族文化身份与民族意识的认同

提升民族文化身份认同。首先，要构建自己的民族文化符号。民族文化符号是文化认同的重要载体和外在表现形式，文化符号包括的语言、宗教、风俗及节日等体现着民族精神和价值追求。通过提升、丰富这些民族文化符号，赋予其新时代内涵和意义，构建与当代中国发展相吻合的文化符号，如共享经济、高铁网络、电子商务以及移动支付等。其次，要加强历史文化教育和公民身份认同教育。教育是提升民族文化身份认同的重要途径，通过学校、社会和家庭教育，通过开展重大节日庆典活动、志愿服务活动、重大公祭活动，增强民众的爱国意识、民族危机意识、公民的身份意识以及为国奉献的责任意识，提升对于国家文化身份的认同；发挥正式文化机构和正式教育机构的积极教育作用，挖掘传统文化载体和各民族特殊文化记忆，通过小说、诗歌、舞蹈、典礼等文化符号生动形象展示中华民族丰富的历史和文化，提升民众对国家和民族文化的认同。

提升中华民族集体意识。为了提升中华民族集体意识，要努力做好以下三个方面工作的工作：一是加大主流意识形态的宣传，挖掘各民族共同的记忆。我国形成的"大杂居、小聚居"统一多民族的格局，是各民族长期融合发展，共同创造的结果。自鸦片战争开始到抗日战争胜利，是一部中华民族反抗外来侵略的爱国史，从新中国成立后恢复国民生产到改革开放后的经济快速增长，是一部中华民族致力于国家富强的发展史。新中国的成立加速了各民族团结统一，促进了国家经济社会的快速发展。二是加大中华民族学的研究，从学理层面阐释中华民族的整体发展史，增进各民族对于中华民族英勇奋斗、拼搏奋进历史的深刻认知。三是打造民族互嵌式社区，构建包容和谐的社区文化。2014年5月第二次中央新疆工作座谈会在北京召开，习近平在会上强调指出要树立"中华民族共同体意识"，"推动建立各民族相互嵌入式的社会结构和社区环境"。在打造互嵌式社区时，不仅是少数民族嵌入汉族社区，而且也包括汉族嵌入少数民族社区。通过民族之间的相互嵌入，形成你中有我，我中有你，形成"思想相和、文化相美、经济相通、生活相近、居住空间相同"的和谐局面。另外，通过培训少数民族宣传干部、社区干部，做好社区的文化宣传工作，打造和谐包容的社区环境。

（二）提升对中国文化生命力的信念

提升对中国文化同化力的认识。何谓文化的同化力？主要是指其他外来文化传入中国（很长一段时期指的是中原）后，逐渐被中国化，融入中国文化而成为其不可分割的一部分。在这方面比较典型的事例是佛教的中国化，佛教起源于印度，在公元一世纪左右开始传入我国，历经魏晋唐宋几百年的传播，并未能完全征服中国的士大夫，反而成为中国的宗教，禅宗就是很好的例证。马克思主义也是来自西方，马克思主义之所以能在中国焕发生机活力，主要是其基本理论和中国实际密切结合，不断推动其中国化。

提升对中国文化融合力的认识。中国文化博大精深，具有很强的包容性，兼收并蓄，海纳百川，多元整合。中国文化在漫长的形成发展过程中，融汇了各民族的文化，包括历史上的匈奴、鲜卑、羯、羌、契丹、辽国、金等。中国文化吸纳了特色鲜明的区域文化以及习俗不同的民族文化，包容了佛教文化、伊斯兰文化以及基督教文化，其内涵不断丰富发展，开放包容的特性日益显现。"百花齐放、百家争鸣"，历史上中国的儒释道由三教并立到三教合一，在道德标准及价值取向上日益走向融合，这都是中国文化融合力的生动展现。

提升对中国文化延续力的认识。文化学界习惯把人类古代文化分为七个，主要包括古埃及文化、玛雅文化、安第斯文化、苏美尔文化、米诺斯文化、哈拉巴文化以及中国文化，这些文化又被称之为"母文化"。在这些人类原生态的文化之中，只有中国文化历经数千年的连续发展从未中断，展现出了无比的延续力。英国的历史学家汤因比持类似观点，他认为，在人类近六千年的历史长河中，先后出现过 26 个文明形态，但只有中国文化长期持续发展。中国文化具有很强的延续力主要原因：一是中国独特的地理环境。中国东面临水，西、北是高山、荒漠，这种特殊的东亚大陆地理环境使其处于相对隔绝状态。二是具有象形和会意完美结合的汉字，简练、深邃。秦朝统一文字，为汉字推广使用打下了基础，加之造纸术和印刷术等文字记载技术的发明使用，使文字的使用、传播和推广更加便利。三是中国文化不断"同化"武力入住中原的游牧民族，多方面吸收游牧人的骑射技术、生产技艺，从而增添了新的牛机活力。加之汉民族人口庞大，成为中国文化延续和发展的重要传承者，曾经建立的庞大统一集权帝国，如秦帝国、汉帝国和唐帝国，为文化的传播发展提供了政治条件。

（三）认同消费我们的民族文化产品

当今时代已进入消费决定生产的时代，个体消费心理决定了文化产品的最终发展趋势。在具体的消费行为中，大众认同一个消费品的文化品牌实际上比享用这种消费品的实际作用更为重要，在人们的日常消费行为中，对于一种文化的认同时常会决定对一种消费产品的选择。近年来，很多人不辞辛苦，纷纷去澳洲、欧洲、美洲购买奶粉，到日本去购买马桶盖，其实这两种产品的国产品牌质量足以和国外品牌相媲美，甚至我们的标准更严格，而日本的高科技马桶盖很多都是在中国生产。出现这种现象的原因，很大程度上，是我们对于自己的产品不信任，其背后深层次的原因是对自己民族文化的不自信。提升公众对于自己民族文化的认同意识，从内心深处接受、认可我们的产品，是提升文化自信的重要途径。作为一个中国人，作为一个消费者，一定程度上，我们要校正自己的消费趋向来改变我们的消费行为和方式，不能一味地开德国车、穿意大利服装、使用美国苹果手机、购买日本电视机、喝法国红酒、看美国电影和韩国电视剧，如果这样，就会让国家丧失发展民族工业的机会，至少会加大我们民族工业现代化的"时间成本"。我们要意识到，在国家现代化征程中，我们的消费领域要经历一个主动使用自己国产商品的历史过程，可能这些商品还存在很多不完美和缺点。在自己民族的产品质量较差、性能较次、品牌较低的情况下，国家依然坚持不懈地发展自己的民族工业，大众依然购买自己的产品。正如印度国父甘地为了印度的独立采取了非暴力不合作运动，他宁愿自己织布也不愿意购买英国人制作的衣服，尽管这些衣服很漂亮，既结实又便宜。通过自己的行动，甘地带领印度人成功抵制英国的商品进入印度市场，保护了印度的民族经济，为印度最终的民族独立打下了坚实基础。

第三节 人类命运共同体理念的中国智慧

从党的十八大倡导"人类命运共同体意识"，到党的十九大呼吁"构建人类命运共同体"，再到"构建人类命运共同体"理念被写入联合国决议，意味着这一理念已经得到的认可。

一、"人类命运共同体"文化构建的价值

（一）能够坚定中国特色社会主义文化自信

文化是一个国家、一个民族的灵魂。所谓文化自信，是一个国家、一个民族、一个政党对自身文化价值的充分肯定，对自身文化生命力的坚定信念。没有高度的文化自信，没有文化的繁荣兴盛，就没有中华民族的伟大复兴。党的十九大报告对"新时代中国特色社会主义思想"概念的界定，使用了"八个明确"。而这"八个明确"之中，包括了"明确中国特色大国外交要推动构建新型国际关系，推动构建人类命运共同体"。由此可以看出，"新时代中国特色社会主义思想"包括"推动构建人类命运共同体"，前者包含后者，两者之间是整体与部分的关系。因此，推动"人类命运共同体"文化

建设，不仅有助于中国特色社会主义文化发展，而且能够坚定中国特色社会主义文化自信。

中国特色社会主义文化根植于中国特色社会主义伟大实践，源于中华优秀传统文化，以及党领导人民在革命、建设、改革阶段的革命文化和社会主义先进文化。它以马克思主义为指导，坚守中华文化立场；以当代中国现实和当今时代条件为依据；以面向现代化、面向世界、面向未来为特征。可见，中国特色社会主义文化与前文所述"人类命运共同体"文化的基本内容是一致的。

1. 在文化渊源方面

首先，两者都源自马克思主义文化，它们的基本出发点，无论是"人性本位"，还是"以人民为中心"，都始终没有脱离马克思主义文化理念，始终没有脱离"现实的人"及其进行着的物质生产活动。进而，它们倡导的构建"人类命运共同体"思想，都源自马克思主义"自由人的联合体"理念，都是为人类社会的未来发展树立一个路标。其次，它们源自中华优秀文化。源自中国传统文化中的"和而不同""天人合一""大道之行，天下为公"等传统文化理念；源自中国革命文化和社会主义先进文化中的"奋发图强""和平共处""和谐社会"等思想理念。

2. 在现实条件方面

首先，两者都根植于当代中国社会发展现实。当前，中国特色社会主义进入新时代，标志着近代以来中华民族通过不断努力奋斗，实现了从站起来、富起来到强起来的伟大飞跃；标志着科学社会主义在当代中国焕发出强大生机活力；标志着中国社会主义道路、理论、文化不断发展；标志着中国为独立后的发展中国家和民族提供了全新的道路、理论和文化选择；标志着中国为解决全人类面临的问题贡献了智慧和方案。尽管当前中国还存在发展不平衡不充分、发展质量和效益不高、民生领域存在短板、社会矛盾和问题交织叠加、意识形态领域斗争复杂等问题，但上述中国发生的历史性变革的成就，已经构成中国文化自信的现实基础。其次，两者都以时代条件为依据。当今世界处于大发展大变革大调整时期，世界多极化、经济全球化、社会信息化、文化多样化不断发展，各国相互联系、相互依存程度日益加深，和平与发展趋势不可逆转。同时，世界局势的不稳定性和不确定性更显突出，世界经济发展动力不足，贫富差距不断扩大，地区热点问题此起彼伏，国际恐怖主义、全球网络安全、重大传染性疾病、气候变暖环境污染等问题持续蔓延，人类面临许多问题和挑战。但又没有哪个国家能单独应对这些问题和挑战，只有各国齐心协力，共建人类命运共同体，即共建持久和平、普遍安全、共同繁荣、开放包容、清洁美丽的世界。

3.在发展目标方面

它们都指向"世界""未来"社会发展（"全面现代化"）的总体方向。中国共产党是为中国人民谋幸福的政党，也是为人类进步事业奋斗的党。中国共产党始终把为人类作出新的贡献视为目标和使命。因此，由共产党领导的中国，秉持共商共建共享的全球治理观。从这一全球观念出发，主张国际关系民主化，坚持国家无论大小、强弱、贫富一律平等，支持联合国发挥积极作用，支持扩大发展中国家在国际社会的代表权和话语权。另外，中国还将继续发挥负责任大国的作用，积极主动参与全球治理，贡献中国智慧和中国力量。中国人民愿同世界各国人民一道，推动人类命运共同体的建设，共同创造全人类的美好未来。

综上所述，中国特色社会主义文化与"人类命运共同体"文化的内容基本一致。另外，这两种文化都是由一个大国（中国）倡导和推介的，都是坚持共同建设、共同发展、共同过上幸福生活的治理理念。那么，由于当前"人类命运共同体"文化理念已被写入多个联合国机构的决议，并正在得到国际社会越来越多国家民众的认同，因而构建"人类命运共同体"文化，对坚定中国特色社会主义的文化自信具有重要的现实价值和意义。

（二）推动国际文化形态的进步

所谓国际文化，这里是指国际社会中占主导地位的共有观念。这种共有观念能够对国际政治行为体的行为产生影响。中国倡导构建人类命运共同体中秉持的"尊重差异，包容多样"的和谐文化，相对于当前国际社会占主导地位的洛克文化来说，体现了一定的进步性。从这种意义上来说，构建"尊重差异，包容多样"的和谐文化能够推动国际文化形态的进步。

自威斯特伐利亚体系建立以来，洛克文化这种互为"竞争对手"的共有观念（国际文化），在国际体系中始终占据主导地位。在洛克文化中，国家主权在法律上被国际社会所承认。这意味着世界各国的共同期望是"国家不会试图夺取相互的生命和自由"。然而，"国家保留着不断行使使用暴力的权力，以便取得自己的利益。战争被认为是正常的合法的。"也就是说，在洛克文化中，国家为了利益使用暴力的行为，被认为是"正常"的行为。这也正是当今世界局部冲突和战争此起彼伏的深层次原因。要想解决这一问题，就要推动国际文化形态的升级。按照亚历山大·温特的想法，就是构建康德文化。

在康德文化中，国家之间的身份定位是"朋友"，朋友之间相互承担义务，战争不再被认为是解决争端的合法手段。这不能保证不发生冲突，但是一旦出现冲突，则会以谈判、仲裁或诉诸法律等方式解决，即便是当战争的物质代价对一方或双方都不高的时候也是如此。可见，如果国际文化形态演变为康德文化，当今世界的武力冲突就会消除了。然而，从目前来看，国际现实还不具备构建完全意义上的（符合伦理共同体的）康德文化的条件。在此情况下，可以构建符合当前国际现实，同时又能解决局部冲突问题的文化形态，即构建"人类命运共同体"中所秉持的"和谐文化"。

根据"和谐文化"的理念，就是要"尊重差异，包容多样，在尊重差异中扩大社会认同，在包容多样中增进思想共识"。可以说，和谐文化理念，是从国际社会的现实出发，并能够解决当前人类面临的难题和挑战的文化。"和谐文化"与"洛克文化"相比，虽然两者都承认国家利益的差异性，但前者是尊重差异，化解矛盾，而后者激化矛盾，甚至发生冲突和战争。"和谐文化"与"康德文化"相比，虽然两者都认为战争不再是解决争端的合法手段，但前者根植于当前的国际现实，而后者还不具备客观条件。

由此看来，构建"和谐文化"符合当今国际现实，能推动国际文化形态的进步。这既符合国际文化从低级向高级发展的总趋势，又能在一定程度上解决当前人类面临的难题和挑战，还能使世界更接近"人类命运共同体"。然而，这不是哪一个国家能够做得到的，有待世界各国共同努力。

二、构建"人类命运共同体"的文化向度

当今世界经济全球化进程加深，国家与国家之间越来越呈现出"你中有我，我中有你"的相互依存关系，和平发展、合作共赢的时代潮流不可阻挡。正是在这样的大背景下，构建"人类命运共同体"的倡议应运而生。人类命运共同体强调在多样化社会制度总体和平并存，各国之间仍然存在利益竞争和观念冲突的现代国际体系条件下，每一个国家在追求本国利益时兼顾他国合理关切，在谋求本国发展中促进各国共同发展，而兼顾他国的合理关切、促进各国的共同发展离不开文化的沟通和交流。在一个由不同地理环境、人口种族、宗教信仰和社会制度组合而成的多彩世界中，"人类命运共同体"必须在文明对话中孕育，在文明互鉴中生长，在文明共生中成形。

（一）文明对话是构建"人类命运共同体"的必由之路

"人类命运共同体"不是从一国出发，而是着眼于人类命运发展规律、世界文明美好走向的全球发展观。文明间的对话则是促进各国政治沟通、经济合作、国家安全的必要通道。可见，"人类命运共同体"的文化图景是多元文

化理性寻求共同的发展空间和领域，是"各美其美、美人之美、美美与共、天下大同"的和谐文化生态。

一部人类发展史就是一部人类不断地进行文化创造、彰显其自身创造活力的历史，是一部人类不断地超越和否定自身，并为获得自身的解放和自由全面发展的历史。世界不同国家地区、不同种族孕育的文化大相径庭，文化发展和文化诉求也方枘圆凿，各文化有其相对独立的文化系统。当然，随着人类历史的发展，世界市场的形成，各文化系统接触交流日益频繁，不同文明之间的对话日愈广泛。然而，由于各国的历史、文化和利益不同，各国文明之间的对话存在着本国经济利益至上和贸易对话为主导的局限式交流，存在着弱肉强食、丛林法则、单边主义的不平等对话现象，存在夸大文明的分歧与冲突，否认文明交流与融合，并企图以所谓优越文明取代其他文明的文化霸权主义倾向，严重阻碍了国际文化交流进程和国际互信体系的形成。因此，不同文明间需要彻底抛弃文化上的"冷战"思维，以共同利益为基础，以共同发展为目标，在现有基础上加强平等对话，加深认识和理解，消除分歧与误解。

（二）文明互鉴是构建"人类命运共同体"的内在要求

我们生活的地球是多样化文化、多国度文明共存的地球。尽管不同文明生长的国家民族有大有小，生成的时间有先有后，但各文明各有自己创造发展的历史，各有自己的文明特色，各有自己文明发展的优势，也各有自己的文明对世界文明发展做出的独特贡献。一花独放不是春，万花齐放春满园。世界不同国家、不同民族的文明之花竞相开放，姹紫嫣红，才构成了世界文明百花齐放、争奇斗艳的绚丽。各国家民族，其文明形态本质上并无高下优劣之分，恰好需要加强文化文明的相互交流，借鉴吸收他国文明的长处，实现世界文明的多样性共存和发展，为构建"人类命运共同体"奠定共同的文化基础。

值得指出的是，"人类命运共同体"提出的时代背景是世界的大变革大发展大调整时期。一方面，国家间经济合作密不可分，世界多极化不可逆转，新的科技革命和产业革命的孕育将给世界各国带来发展的红利，文化层面上的互相理解和交流有助于各国在审时度势的基础上把握合作的立场，形成合作共赢的价值取向，从而达成更具针对性的、更具效率性的合作。另一方面，资本的全球扩张和信息技术的迅猛发展，导致恐怖主义、生态破坏、难民危机等全球性问题的出现和恶化，一国无力独自解决跨国发展难题，文化层面上的互相理解和交流有助于互相借鉴他国的文化智慧，充分利用他国的文化力量，群策群力寻找最佳解决方案。

（三）文明共生是构建"人类命运共同体"的价值旨归

不同的生活环境、地理区域和发展历史孕育着不同的人文环境，世界上的 233 个国家和地区，法律法规、语言文字、风俗习惯、文化文明多有不同。构建"人类命运共同体"不忽视世界的多样性和差异性，"物之不齐，物之情也"，"如果万物万事都清一色了，事物的发展、世界的进步也就停止了"。相反，"人类命运共同体"承认文明的多样性和差异性，认同文明的多样性和差异性对于世界发展的重要意义。与此同时，提倡不同文明间相互加深了解、认识、尊重和互鉴，增进多样性基础上的融合性、差异性基础上的和谐性，达到世界文明共生的和谐状态。

文明的相互融合是伴随经济发展必然发生的过程。物质的生产是如此，精神的生产也是如此。马克思认为世界市场的形成使得各民族的精神产品成了公共的财产。民族的片面性和局限性日益成为不可能，于是由许多种民族和地方的文学形成了一种世界的文学。在这个必然的历史进程中，构建"人类命运共同体"，促进世界文明共同发展，日益成为人类社会的发展大势。面对全球性发展难题能够携手治理，面对发展成果能够共同分享，以文化交流化解文化隔阂，以文明互鉴促进文明融合，实现世界文明的共生发展，世界和平的永续发展，人类美好的幸福追求，是构建"人类命运共同体"的根本的价值旨归

三、构建"人类命运共同体"的文化应对

构建"人类命运共同体"的文化挑战表明，"人类命运共同体"的发展绝不是一帆风顺的，若想深入推进"人类命运共同体"，必须提高应对文化挑战的意识和能力，逐步化解文化障碍，营造良好文化环境。

（一）打造"文化场"，以文化的平等对话加深相互理解

布尔迪厄社会学理论提出了一个重要观点，即"场域"的观点。一个场域可以被定义为在各种位置之间存在的客观关系的一个网络，或一个构型。场域又具有独立性，每个场域的行动者及其活动受该场域的逻辑和原则制约。文化场域就是各种文化之间的客观关系连接起来的文化网络或构型。国家和地区间经济的相互联系与依存日益加深，文化的交流、互动和融合日益增多，给"人类命运共同体"的文化场域生成创造了客观的条件与基础。打造"人

类命运共同体"的"文化场",深化平等基础上的文化交流,能够消解文化隔阂和文化冲突,促进世界各国各地区互相尊重,相互理解。

在全球范围内营造构建"人类命运共同体"的"文化场",需要文化的交流和实践的推进。首先,中国应当以现实为基础,不断丰富"人类命运共同体"的理论内涵和发展特色,创新话语表达。如"亚洲命运共同体""网络命运共同体""生态命运共同体"等提升"人类命运共同体"的议题热度和话语力度。其次,中国应当加强与各国的文化沟通。除了政府之间的文化交流与沟通之外,推进学术界、文艺界、传媒界、企业界及各种民间的丰富多彩的文化交流活动。在其他事情相同的情况下,通讯密度的增加将确保民族之间,至少是中间阶级之间,或更至少是世界的外交官之间同伴感基础的扩大。世界各国各地区的关注、认识和认同是构建"人类命运共同体"的基础。最后,建立健全平等广泛的文化沟通与文明对话机制。大力发展和利用国际、区域以及国家之间的文化交流与文明对话的平台,如联合国、G20 会议、APEC 会议、金砖五国合作机制、达沃斯论坛,特别是中国致力打造和推进的博鳌论坛、中非合作论坛、一带一路国际合作论坛等等,开展全球的、区域的、跨国的、多边的国际文化交流和文明对话,形成文明对话的长效机制,保障国家和地区间的平等对话广泛、持续、深入地开展,在开放、包容、互促的氛围中加深不同文明的相互了解、理解,化解不同国家、地区之间的文化隔阂。

（二）关注"问题域",以广泛的价值共识推进全球治理

世界面临百年未有之大变局,世界范围内的各种文化冲突,究其根本是国家利益的冲突。全球性问题和矛盾的解决,需要克服文明优越论和文明冲突论等等文化偏见,凝聚价值共识,加深对"人类命运共同体"的理解和认同,实现和维护世界各国的"共同利益"。

当前,大国战略博弈和文化冲突加剧,单边主义和贸易保护主义凸显,国际安全和发展面临不确定性,人口问题、生态问题、贫困问题和网络安全问题等具体问题深刻影响着人民生活,维护全球安全、推动全球发展为构建"人类命运共同体"提供了命运与共的利益依据。20 世纪 90 年代提出的"全球治理",期望发展一整套包括制度、规则及新型国际合作机制在内的体制,以此为基础不断应对全球挑战和跨国现象所产生的问题。然而,冷战后的全球性问题依然存在,而且愈演愈烈,治理在全球层面成果不足,导致"全球治理失灵"。以西方发达国家为主导的全球治理体系已经无法适应逐渐变化的世界政治格局,而要想可持续地增进全球利益,将发展红利平等合理地惠及更多的国家和地区,发挥国际组织在国际事务中的作用,就必须纠正"文明

优越论"把西方文化凌驾于其他文化之上的错误态度和立场，遵循全人类的共同价值，尊重各国的文化传统和多样性需求，以"和而不同"取代"文化对抗"，以"美美与共"取代"文明冲突"，将民族国家与跨国家、非国家主体连接在一起，真正从西方中心主义治理向全球协同治理转变，形成新的多边主义的全球治理格局。国际文化交流和文明互鉴越深入，全球文化多样性共存的认同度越高，文明优越论、文明冲突论等文化偏见纠正和消除得越彻底，全球治理越有效力，"人类命运共同体"的构建就越具有文化基础和价值共识。

（三）坚持"中国性"，以坚实的文化自信应对文化霸权

文化霸权主义是国际霸权主义的文化形态。文化霸权主义总是企图以西方所谓的优越文明来否定和取代其他文明，并且以各种手段加强西方的价值渗透，传播西方的价值观念，推行以资产阶级自由、民主和人权等所谓西方普世价值为核心内容的颜色革命，实际上是为干涉别国内政，侵犯别国主权和人权，损害世界其他国家和人民的利益的霸权主义服务的文化武器。国际霸权主义把中国视为主要战略竞争对手，把中国的和平发展与崛起视为一种威胁，把中华文明国际影响力的扩大看作是对西方文明的冲击，力图通过歪曲、丑化、妖魔化中国来诋毁中国的发展道路和国家形象，对构建"人类命运共同体"形成巨大的文化挑战。

面对西方文化霸权对于中国及广大发展中国家的文化挑战和冲击，中国须增强自身的文化定力，坚持中国立场，维护共同价值，以坚实的文化自信提供构建"人类命运共同体"、推动发展中国家走向现代化的中国方案。文化自信既是增强中国人民道路自信、理论自信、制度自信的深层文化力量，也是积极推动世界和平发展、合作共赢，构建"人类命运共同体"的坚实文化基础。汲取和利用中华优秀传统文化、革命文化和社会主义先进文化的智慧和力量，促进世界不同国家之间文化交流与融合，加强同西方文化霸权主义的交锋，抵御西方文化霸权主义的文化渗透和影响，抵御西方颜色革命给中国及广大发展中国家带来的干扰和破坏，坚定不移地走中国特色社会主义道路。譬如，"一带一路"倡议便是以中国古代丝绸之路为基础提出的中国方案，从2013年"一带一路"倡议提出至2018年底，5年的时间内已同122个国家和29个国际组织合作，建立起广泛的合作伙伴关系，形成了共商共建共享的国家合作平台，促进了文化的友好沟通和交流，有力地推进了"人类命运共同体"建设。一带一路倡议的实施，既伴随着世界各国尤其是发展中国家的积极参与和协同合作，也伴随着反对国际霸权主义包括文化霸权主义干扰破坏的交锋和角力。

因此，针对国际霸权主义包括文化霸权主义对构建"人类命运共同体"，实现和平发展、合作共赢的的种种干扰、阻挠和破坏，要以坚定的中国立场、坚定的文化自信和坚强的国家意志应对，始终不渝地沿着中国特色社会主义道路前进，提供中国方案，做出中国贡献。

参考文献

一、著作

[1] John Liep. Locating Cultural Creativity[M].Pluto Press，2001.

[2] Elizabeth Hallam，Tim Ingold.Creativity and cultural improvisation[M].Oxford Press，2007.

[3] Bill O'Reilly.Culture warrior[M]. Broadway Books Press，2006.

[4] 马克思恩格斯全集 [M]. 北京：人民出版社，1956.

[5] 马克思恩格斯选集 [M]. 第 1、2、3、4 卷，北京：人民出版社，1995.

[6] 黄霞 .1844 年经济学哲学手稿 [M]. 北京：人民出版社，2000.

[7] [德] 恩斯特·卡西尔 . 甘阳，译 . 人论 [M]. 上海：上海译文出版社，1985.

[8] [德] 恩斯特·卡西尔 . 文化哲学·哲学知识 [M]. 长春：吉林大学出版社，2004.

[9] [美] 赫伯特·马尔库塞 . 李小兵，等，译 . 现代文明与人的困境 [M]. 上海：三联书店，1989.

[10] [美] 赫伯特·马尔库塞 . 刘继，译 . 单向度的人 [M]. 上海：上海译文出版社，2006.

[11] [美] 亚伯拉罕·马斯洛 . 林方，译 . 人的潜能和价值 [M]. 北京：华夏出版社，1987.

[12] [德] 卡尔·雅斯贝尔斯 . 魏楚雄，等，译 . 历史的起源与目标 [M]. 北京：华夏出版社，1989.

[13] [德] 卡尔·雅斯贝尔斯，黄藿，译 . 当代的精神处境 [M]. 上海：三联书店，1992.

[14] [德] 特奥多阿尔多诺，洪佩郁，等，译 . 启蒙辩证法 [M]. 重庆：重庆出版社，1990.

[15] [德] 特奥多·阿尔多诺 . 张峰，译 . 否定的辩证法 [M]. 重庆：重庆出版社，1993.

[16] [德]H·李凯尔特.涂纪亮,译.文化科学和自然科学[M].北京:商务印书馆,1996.

[17] [德]米切尔·兰德曼.阎嘉,译.哲学人类学[M].贵州:贵州人民出版社,2006.

[18] [德]奥·斯宾格勒.吴琼,译.西方的没落[M].上海:上海三联书店,2006.

[19] [德]黑格尔.王造时,译.历史哲学[M].上海:上海书店出版社,2006.

[20] [苏]尼·瓦·贡恰连科.戴世杰,等,译.精神文化进步的源泉和动力[M].北京:求实出版社,1988.

[21] [苏]弗·让·凯勒.陈文江,等,译.文化的本质与历程[M].杭州:浙江人民出版社,1989.

[22] [英]雷蒙德·威廉斯.吴松江,等,译.文化与社会[M].北京:北京大学出版社,1991.

[23] [美]莱斯利·A·怀特.曹锦清,等,译.文化科学——人和文明的研究[M].杭州:浙江人民出版社,1988.

[24] [美]丹尼尔·贝尔.赵一凡,等,译.资本主义文化矛盾[M].上海:三联书店,1989.

[25] [美]E·希尔斯.傅铿,等,译.论传统[M].上海:上海人民出版社,1991.

[26] [美]E·拉兹洛.闵家胤,译.系统哲学讲演录[M].北京:中国社会科学出版社,1991.

[27] [美]詹明信.陈清侨,等,译.晚期资本主义的文化逻辑[M].上海:三联书店,1997.

[28] [美]塞缪尔·亨廷顿.周琪,等,译.文明的冲突与世界秩序的重建[M].北京:新华出版社,1998.

[29] [美]塞缪尔·亨廷顿,劳伦斯·哈里森.程克雄,译.文化的重要作用——价值观如何影响人类进步[M].北京:新华出版社,2002.

[30] [美]马古利斯,萨根.李建会,译.倾斜的真理:论盖娅、共生与进化[M].南昌:江西教育出版社,1999.

[31] [美]克利福德·格尔茨.韩莉,译.文化的解释[M].南京:译林出版社,1999.

[32] [美]爱德华·W·赛义德.李琨,译.文化与帝国主义[M].上海:三联书店,2003.

[33] [美]克拉克·威斯勒.钱岗南,等,译.人与文化[M].北京:商务印书

馆，2004.

二、期刊论文

[1] 习近平.坚定文化自信，建设社会主义文化强国 [J].实践（思想理论），2019（7）：5-8.

[2] 王沪宁.作为国家实力的文化：软权力 [J].复旦大学学报（社会科学版），1993（03）：91-96；75.

[3] 童世骏.提高国家文化软实力：内涵、背景和任务 [J].毛泽东邓小平理论研究，2008（04）：1-8；84.

[4] 胡惠林.国家文化治理：发展文化产业的新维度 [J].学术月刊，2012，44（5）：28-32.

[5] 骆郁廷.文化软实力：基于中国实践的话语创新 [J].中国社会科学，2013（1）：20-24.

[6] 洪晓楠.国家文化软实力的构成要素与提升战略 [J].江海学刊，2013（1）：202-207.

[7] 祁述裕.国家文化治理建设的三大核心任务 [J].探索与争鸣，2014（5）：7-9.

[8] 胡惠林.文化治理中国：当代中国文化政策的空间 [J].上海文化，2015（2）：5-13；125.

[9] 张国祚.当前我国文化软实力建设研究需关注的几个问题 [J].红旗文，2016（24）：24-25.

[10] 赖雄麟.文化治理现代化的四重维度研究 [J].行政论坛，2018，25（06）：130-135.

[11] 杜刚，邢巨娟.对信仰重建的哲学思考 [J].理论探索，2006（5）：21-22.

[12] 杜刚，邢巨娟.树立正确荣辱观 构建和谐校园文化 [J].中共山西省委党校学报，2006（3）：62-64.

[13] 杜刚，邢巨娟.复杂性系统下的当今中国人才激励问题的思考 [J].生产力研究，2011（06）：18-19.

[14] 杜刚，坚喜斌，陈玲.复杂性系统下的人才激励 [J].山西财经大学学报（高等教育版），2010（02）：80-84.

[15] 杜刚.马克思"感性活动"理论的现象学解读 [J].云南社会科学，2011（2）：126-128.

[16] 杜刚，邢巨娟.当前我国中青年人才创造力问题的文化哲学思考 [J].理论界，2011（5）：74-76.

[17] 杜刚，王云鹏 . 从康德到马克思物质观的逻辑演进——马克思主义对康德物自体的扬弃 [J]. 理论界，2012（5）：74-76.

[18] 杜刚，邢巨娟 . 文化创造力：当今中国文化变革与发展的重要依据 [J]. 中央社会主义学院学报，2012（2）：103-105.

[19] 杜刚，邢巨娟 . 提升人才创造力与解放人才的战略性思考 [J]. 前沿，2012（5）：19-21.

[20] 杜刚，邢巨娟 . 基于文化创造力之上的文化创新机制的建构 [J]. 理论，2012（6）：131-133.

[21] 杜刚 . 浅谈文化创造力与文化创新机制 [J]. 黑龙江社会科学，2012（1）：30-34.

[22] 杜刚，邢巨娟 . 文化：人类特有的存在方式 [J]. 长江大学学报（社会科学），2012，35（2）：160-161.